CARLO ANDRETTA

L'ORGANIZZAZIONE COMMERCIALE

Dal Marketing alle Strategie di Comunicazione,

Tutti i Passi per Coordinare una Rete Vendita di Successo

Titolo

"L'ORGANIZZAZIONE COMMERCIALE"

Autore

Carlo Andretta

Editore

Bruno Editore

Sito internet

www.brunoeditore.it

Sommario

Introduzione pag. 5

Capitolo 1: Come essere un buon Responsabile Commerciale pag. 9

Capitolo 2: Come si lavora per obiettivi pag. 20

Capitolo 3: Come si fa la vendita consultiva pag 48

Capitolo 4: Come migliorare efficienza ed efficacia pag. 69

Capitolo 5: Come si gestisce la trattativa *win-win* pag. 107

Capitolo 6: Come comunicare efficacemente pag. 126

Capitolo 7: Come usare le strategie di marketing pag.147

Conclusione pag. 175

Introduzione

Questo libro è pensato e organizzato come un manuale operativo per addetti ai lavori, una sorta di guida che consenta a tutti coloro che hanno la responsabilità di gestire un'organizzazione commerciale di conoscere gli elementi concettuali fondamentali che caratterizzano il ruolo e, contestualmente, definire quali siano i fattori logistici e metodologici che influiscono sui risultati del loro team, per migliorarli.

La realtà operativa è talmente vasta, come è talmente vasta la materia presentata, che non si ha la pretesa di poter affrontare nel dettaglio tutti gli argomenti e le situazioni organizzative. Si lascia all'iniziativa del lettore la possibilità di approfondire i temi proposti. Esistono moltissimi libri di management, ma raramente sono stati scritti da persone realmente attive in azienda né, tanto meno, da chi ha svolto un ruolo operativo commerciale. Il motivo è presto detto: i responsabili commerciali, tradizionalmente, sono uomini d'azione che vivono al presente e normalmente non hanno una grande predisposizione all'analisi critica e all'approfondimento concettuale di quello che fanno. Possiedono una grandissima esperienza pratica nel loro settore, conoscono tutto e tutti e, in genere, sono molto scettici sul fatto che un libro possa servirgli e insegnare loro qualcosa di utile. Si sono fatti le ossa in anni di battaglie commerciali con clienti, con venditori, con titolari e si sentono i portatori della verità, credono di non avere nulla da imparare.

Questo libro nasce dalla mia esperienza diretta più che ventennale nella gestione di strutture commerciali in aziende di varia dimensione, dalla multinazionale alla piccola azienda familiare, dall'esperienza di consulente nella direzione d'impresa e di formatore, integrata da una continua attività di aggiornamento con un'ambizione precisa: fornire uno stimolo per l'accrescimento professionale di tutti i *sales manager* disponibili all'innovazione, amanti delle sfide, curiosi di recepire nuovi concetti e metodi operativi, predisposti all'accrescimento personale e professionale e soprattutto desiderosi di migliorare le performance del loro *sales team*.

Ho utilizzato un linguaggio professionale, ho schematizzato molti concetti e inserito delle tabelle per permettere una maggiore focalizzazione degli argomenti proposti. Ognuno dei capitoli potrebbe essere espanso in modo quasi infinito, ho cercato di sintetizzare i contenuti per permettere anche a chi non ha molta dimestichezza con la lettura di manuali tecnici di entrare in contatto con argomenti importanti per la professione.

In linea generale il libro riflette la mia esperienza commerciale principalmente nel *business to business*, ma si adatta a molte situazioni organizzative commerciali.

Il testo è strutturato in sette capitoli per permettere al lettore di affrontare nel dettaglio gli altrettanti aspetti specifici gestionali che più influiscono sui risultati commerciali:

- la consapevolezza del ruolo e responsabilità;
- la gestione operativa dei venditori;
- l'approccio metodologico alla vendita consultiva;
- la gestione per obiettivi e l'utilizzo del cruscotto direzionale;
- la trattativa commerciale *win-win*;
- i principi di comunicazione efficace;

- la fidelizzazione della clientela e i principi di marketing 1.0, 2.0, 3.0.

Dal punto di vista dell'utilizzo, il mio suggerimento è di leggere tutto il libro e poi, in base alle proprie esigenze, soffermarsi sui vari capitoli. Questo testo è stato pensato per essere applicato; suggerisco di utilizzarlo come una specie di bussola operativa.

Ognuno dei lettori potrà valutare quanto nella sua attività quotidiana di Responsabile commerciale applica o non applica quanto proposto per produrre quei cambiamenti operativi che più ritiene funzionali.

Buona lettura.

Carlo Andretta

CAPITOLO 1:
Come essere un buon Responsabile commerciale

L'attività di vendita oggi non è un lavoro facile o semplice o che si possa improvvisare. Il venditore non nasce come tale, ma deve essere preparato alla sua professione mediante un addestramento efficace, che serva a valorizzare e sviluppare le qualità e gli attributi naturali alla base del profilo ideale dell'addetto alle vendite.

Il Responsabile commerciale è concentrato nel costruire e gestire l'organizzazione più adatta a cogliere tutto il potenziale di business sviluppabile dalla strategia aziendale. Egli normalmente ha a disposizione:

- un gruppo di venditori e il relativo potenziale;
- un ufficio commerciale;
- gli strumenti di vendita e di marketing operativo che l'azienda gli mette a disposizione;
- una clientela attiva o *prospect*.

Il Responsabile commerciale, oltre che di competenze manageriali, ha bisogno di possedere tutte le abilità e qualità del venditore, allo scopo di far eseguire i suoi programmi a una squadra spesso formata da persone eterogenee sia nella personalità che nella competenza professionale.

SEGRETO n. 1: le prime preoccupazioni del Responsabile commerciale sono la motivazione e la preparazione professionale dei membri del suo gruppo di vendita.

Egli è a tutti gli effetti un manager e, come tale, deve assumersi le seguenti responsabilità generali che gli competono:

- la definizione di obiettivi commerciali;
- l'adozione di decisioni e l'attuazione di piani commerciali;
- la pianificazione e la programmazione operative;
- la gestione focalizzata della struttura commerciale;
- la motivazione di sé e degli altri.

Per svolgere al meglio la sua professione, un manager deve quindi possedere alcune caratteristiche di base:

- **l'adattabilità**, così da operare in ambienti differenti;

- **la flessibilità e il pensiero creativo**, che gli consentono di sviluppare le opzioni più efficaci al contesto;
- **la capacità di comunicazione**, che gli permette di raccogliere gli input e trasferire feedback in modo efficace;
- **la capacità di organizzazione**, per operare e gestire le risorse con efficienza;
- **la focalizzazione al risultato**, che permette una decisa concretizzazione degli sforzi;
- **l'energia**, sì da agire in modo deciso e risoluto;
- **l'integrità e il senso etico**, affinché operi professionalmente anche in situazioni incerte;
- **la leadership**, per motivare il suo team al raggiungimento dei risultati;
- **l'apertura mentale**, che gli consente per vedere la realtà da più punti di vista, per essere aperto a nuovi stimoli e cogliere le opportunità;
- la capacità di **affrontare i problemi e di riaversi dalle crisi**, che gli forniscono un atteggiamento positivo nella gestione dei progetti.

SEGRETO n. 2: le competenze professionali si basano sulle

caratteristiche personali. Il loro rafforzamento influenza enormemente la performance professionale.

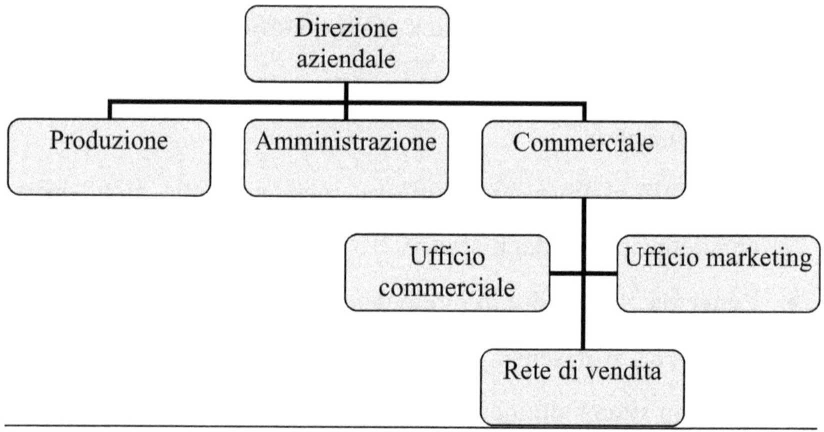

Fig. 1 – Organigramma funzionale aziendale

Lo scopo della posizione

Assicurare il raggiungimento degli obiettivi di fatturato e di margine definiti dalla Direzione aziendale, attraverso la gestione e il coordinamento della propria forza di vendita e in generale della struttura commerciale.

Le responsabilità primarie

- Elaborare gli obiettivi di vendita e il budget commerciale annuale proponendo alla Direzione aziendale azioni e strumenti operativi adatti al loro raggiungimento, coerentemente con l'immagine dell'azienda sul mercato;
- collaborare con la Direzione aziendale per la definizione delle strategie commerciali: *pricing*, distribuzione, attività di marketing operativo;
- elaborare le previsioni di vendita per i nuovi prodotti;
- gestire direttamente la forza vendita (capiarea, ispettori, *key account*, venditori) e visitare regolarmente i clienti strategici;
- organizzare la struttura commerciale e definire i piani di incentivazione per la forza vendita;
- pianificare la formazione tecnica e professionale dei venditori;
- informare la Direzione aziendale sull'attività della concorrenza e posizione e potenzialità dell'azienda nel mercato;
- definire il livello degli stock e inviare alla produzione le previsioni di vendita secondo il planning concordato con la Direzione;
- essere il responsabile del servizio clienti (ufficio vendite, *customer care*);

- può avere responsabilità sulla gestione della attività di assistenza ai clienti;
- può avere responsabilità sul magazzino e sulle spedizioni.

Il manager commerciale, come qualsiasi altro manager, ha il compito di delegare le cose agli altri. Come capo di un gruppo di persone ha la funzione primaria di:

1. dirigere;
2. motivare;
3. sostenere il morale.

Competenze del Responsabile commerciale:

- **saper vendere**: non si possono gestire efficacemente dei venditori senza saperlo fare;
- **focalizzazione sui risultati**: il Responsabile commerciale deve essere totalmente focalizzato sugli obiettivi definiti dal budget con un atteggiamento competitivo a riguardo. Gli obiettivi sono una sfida stimolante, non una barriera psicologica;
- **capacità di lavorare sui fogli di calcolo Excel o su un applicativo corrispondente**: l'analisi strutturata dei dati di

vendita è una delle competenze che il Responsabile commerciale deve sviluppare. Le statistiche di vendita si possono elaborare o con l'estrazione dal database aziendale e successiva elaborazione su un foglio Excel, o mediante l'implementazione di un applicativo specifico al sistema gestionale aziendale. Oggi sul mercato si reperiscono ottimi applicativi che sono in grado di sviluppare molteplici statistiche su tutte le variabili presenti nel database;

- **competenza tecnica sul prodotto/servizio**: il Responsabile commerciale deve saperne del prodotto almeno quanto il suo venditore più esperto;
- **conoscenza del suo mercato, clientela, distribuzione, concorrenza**: deve conoscere bene l'ambiente in cui sviluppare l'azione commerciale della sua organizzazione;
- **condivisione della *mission* aziendale**: deve trasmettere ai suoi uomini convinzione ed entusiasmo, se ha dei dubbi sulla *mission* dell'azienda, loro non saranno così motivati e focalizzati sui risultati come è necessario;
- **energia ed entusiasmo**: il Responsabile commerciale deve trasmettere, prima di tutto ai suoi uomini, energia positiva, entusiasmo e motivazione;

- **atteggiamento positivo**: l'atteggiamento positivo è indispensabile per qualsiasi "commerciale", sia per i responsabili che per i venditori, gli atteggiamenti e le credenze negative sono deleterie nell'attività di vendita;
- **capacità di *time management***: deve saper utilizzare efficacemente il tempo a disposizione con una gestione per priorità, non per urgenza;
- **doti di leadership**: egli è una guida per la sua squadra. I venditori sono spesso uomini dalla personalità molto forte, che bisogna saper gestire con sensibilità e polso fermo;
- **capacità di *problem solving***: davanti ai problemi il Responsabile commerciale non si spaventa, ma ha la capacità di individuare e lavorare sulle soluzioni in modo efficace;
- **capacità di pianificare la propria attività in funzione degli obiettivi da raggiungere**: tutta l'attività del buon manager è concentrata sul miglioramento dei risultati della sua squadra, deve quindi saper valutare in ogni azione quali saranno i benefici probabili e concentrarsi sulle azioni più proficue;
- **conoscenza dei principi di marketing strategico e delle metodologie più attuali di marketing operativo**: l'azienda è inserita in un ambiente competitivo, occorre produrre azioni

commerciali di sviluppo delle vendite coerenti con il posizionamento strategico dell'azienda e funzionali alla crescita della sua immagine sul mercato;

- **capacità relazionali**: gestire uomini significa avere (o dover sviluppare) buone capacità relazionali per limitare al minimo indispensabile la conflittualità improduttiva;
- **capacità di comunicazione**: il processo di comunicazione efficace si basa prima di tutto sull'ascolto attivo e sulla capacità di fornire un feedback coerente all'interlocutore;
- **sensibilità psicologica**: ogni persona è diversa, il Responsabile vendite deve saper dosare la sua azione in relazione al tipo di personalità con cui ha a che fare;
- **equilibrio emotivo**: egli è un'interfaccia tra ambiente esterno (clienti e venditori) e ambiente interno (struttura aziendale). Questi due ambienti sembrano spesso avere interessi contrapposti. L'equilibrio emotivo è una dote importante per evitare l'accumulo di stress derivante dal gestire differenti livelli di aspettativa;
- **capacità di gestire lo stress**: l'attività commerciale è per definizione stressante. La tensione in una certa misura è necessaria per fornire lo stimolo necessario ad alte

performance, se supera certe soglie, però, diventa eccessiva e provoca l'effetto contrario di ostacolare l'azione efficace. Il Responsabile commerciale deve saper riconoscere il livello di soglia e autoregolarsi di conseguenza.

SEGRETO n. 3: il Responsabile commerciale deve innanzitutto dirigere, motivare e sostenere il morale.

In questo capitolo abbiamo individuato il ruolo del Responsabile commerciale all'interno dell'organizzazione aziendale e identificato le principali caratteristiche personali e professionali che dovrebbe possedere. Nei prossimi approfondiremo questi concetti proponendo delle metodologie che, se applicate, porteranno a una naturale evoluzione positiva.

RIEPILOGO DEL CAPITOLO 1:

- SEGRETO n. 1: le prime preoccupazioni del Responsabile commerciale sono la motivazione e la preparazione professionale dei membri del suo gruppo di vendita.
- SEGRETO n. 2: le competenze professionali si basano sulle caratteristiche personali. Il loro rafforzamento influenza enormemente la performance professionale.
- SEGRETO n. 3: il Responsabile commerciale deve innanzitutto dirigere, motivare e sostenere il morale.

CAPITOLO 2:

Come si lavora per obiettivi

Il ruolo di Responsabile commerciale ha, come abbiamo visto, un compito principale: il raggiungimento delle quote di vendita concordate con la Direzione aziendale.

La base di partenza per ogni iniziativa commerciale, quindi, è la definizione di specifici obiettivi quantitativi e qualitativi: cosa vogliamo vendere, quanto vogliamo vendere, a chi vogliamo vendere.

È importante specificare che tutte le valutazioni sulle performance di un'organizzazione commerciale vanno espresse sulla quantità di ordinativi prodotta e non sul fatturato. Questa precisazione è importante in quanto, mentre la raccolta ordini è responsabilità di chi vende, il fatturato è responsabilità di chi produce o spedisce.

Vi sono casi di aziende, soprattutto artigianali, che riescono a produrre un elevato portafoglio ordini poi non viene del tutto evaso per problemi organizzativi.

Per la definizione degli obiettivi si parte dal presupposto che le vendite si possono sviluppare solo agendo in due direzioni:

- incremento del numero di clienti;
- incremento delle medie di acquisto sul cliente.

Questa valutazione è importante in quanto, la definizione degli obiettivi di vendita non può prescindere dall'analisi storica dei commerci per singolo cliente (volumi di vendita negli anni), dall'analisi del bilancio clienti persi/clienti nuovi (saldo positivo o negativo), del trend di sviluppo nuova clientela, dall'analisi delle vendite in termini quantitativi e qualitativi per singolo cliente (media acquisto, qualità assortimento ecc.); questa analisi deve essere svolta sia per valore che per quantità (euro e numero di pezzi).

L'approccio concettuale e metodologico fa la sostanziale differenza tra le cosiddette "previsioni di vendita della speranza", in cui si valuta solo il dato totale del fatturato o della quantità, e obiettivi e target strutturati e calati sulla realtà vera.

Fino a pochi anni fa, determinare il budget vendite delle aziende era una cosa abbastanza facile: si prendeva il dato storico totale, gli si dava un incremento percentuale in base alle sensazioni di mercato e si elaboravano previsioni di vendita per la Direzione aziendale e obiettivi per la struttura commerciale.

Questo approccio semplicistico è del tutto inadatto attualmente ad affrontare il mercato per vari motivi. Salvo in pochi settori, il mercato non tira più da solo per crescita naturale. Sono necessari investimenti in attività di marketing e iniziative commerciali, per supportare le vendite. I costi di marketing vanno considerati un costo variabile in percentuale sulla previsione di fatturato all'inizio dell'anno commerciale.

Ne deriva che, senza un piano economico strutturato, articolato e calato sulla realtà operativa, è sempre più difficile fare il risultato. Ne deriva anche che, se il risultato non è in linea con le previsioni, l'incidenza dei costi di marketing cresce rispetto a esse, con un impatto negativo sul risultato operativo aziendale.

La gestione del ciclo di produzione è strettamente legata al budget vendite, se questo non è strutturato, mette in seria difficoltà tutto il ciclo produttivo: approvvigionamenti, produzione, magazzino e in generale la conduzione aziendale, perché non permette una corretta gestione dei cicli di rifornimento economico.

Considerare il budget come semplice incremento percentuale delle vendite preclude qualsiasi valutazione più specifica a livello di *customer marketing*. In un approccio del genere i clienti sono indifferenziati, ne deriva quindi che l'azienda non ha sviluppato una relazione con la clientela, ma la considera come parte passiva dell'azione commerciale.

Il budget della speranza non è realmente vincolante per nessuno: né per il Responsabile commerciale e per il venditore (che possono sempre ripararsi dietro l'argomentazione della crisi), né per i responsabili della produzione o l'approvvigionamento (che possono sempre rinfacciare al commerciale di fornire numeri non strutturati).

Definire il budget vendite, quindi, è un compito molto importante e delicato per la dinamica dell'azienda. In tal senso il Responsabile commerciale deve essere conscio di questa responsabilità e assumere un ruolo proattivo nei confronti del budget, il che significa non rifiutare a priori un fondo elevato svolgendo una specie di trattativa al ribasso con la Direzione aziendale, ma al contrario mettere sulla carta un piano commerciale a supporto del budget e coinvolgere la Direzione aziendale nella sua approvazione.

SEGRETO n. 4: la base di partenza per ogni azione commerciale è la definizione di specifici obiettivi quantitativi e qualitativi: cosa vogliamo vendere, quanto vogliamo vendere, a chi vogliamo vendere.

Esempio 1: un'azienda che ha sviluppato nel 2010 otto milioni di euro di fatturato, e che produce vernici e colori per il settore privato, si rivolge al mercato nazionale, ha una rete di vendita di tredici agenti plurimandatari e ottocento clienti attivi in Italia nel settore colorifici e ferramenta.

L'azienda è attiva dal 1970, e negli ultimi tre anni il suo fatturato si è assestato su circa otto milioni di euro, ma la redditività è in calo per l'incremento dei costi. Il titolare dal 2008 chiede un incremento vendite al Responsabile commerciale, persona esperta del settore vernici, ma il risultato non cambia, anzi si percepisce una difficoltà crescente e i clienti sembrano meno disponibili, si lamentano dei prezzi. Il Responsabile commerciale è sotto stress perché da una parte ha la pressione della proprietà sull'incremento delle vendite, dall'altra ha una rete commerciale che sembra rispondere poco agli stimoli.

In questo caso il primo suggerimento operativo potrebbe essere il seguente: invece di chiedere agli agenti un generico incremento vendite sulla zona, spalmando il budget totale (perché questo è il volere della Direzione aziendale), definire degli stanziamenti strutturati per singolo cliente, secondo il metodo proposto, e impostare una serie di azioni di marketing mirate al raggiungimento degli obiettivi così impostati. Per avviare il lavoro secondo questo metodo, il punto di partenza è l'analisi delle statistiche di vendita: analisi ABC clienti, analisi ABC articoli venduti per ogni singola agenzia. Si svolgerà successivamente un'osservazione clienti per singola categoria merceologica, al fine di conoscere le percentuali di copertura delle varie categorie di prodotto di ogni agenzia in riferimento alla media aziendale. Per un'azione incisiva si potrebbero prendere in considerazione il potenziale di acquisto del cliente rispetto alle vendite effettuate e i nuovi consumatori potenziali in ogni zona.

A questo punto si elaboreranno degli obiettivi per singola agenzia e, contestualmente, si definiranno le azioni commerciali mirate per incrementare la quota clienti trattanti per ogni categoria merceologica: esempio sconto assortimento, premio fedeltà ecc.

Tutto questo processo vede gli agenti come parte attiva: i venditori vanno sempre coinvolti emotivamente sulla determinazione degli obiettivi. La somma degli obiettivi per singola agenzia rappresenterà il budget.

Ne deriva che invece di chiedere ai venditori un generico aumento del fatturato, si andranno a definire più dettagliatamente degli obiettivi mirati supportati da azioni di marketing. Il Responsabile commerciale presenterà alla Direzione, quindi, non solo delle previsioni più strutturate, ma anche il piano di azioni commerciali di cui si assume la responsabilità di realizzazione ed efficacia.

Per gestire efficacemente dei venditori, quindi, a parte le doti personali di leadership più o meno sviluppate, sono necessarie quattro cose:

- obiettivi concordati con la forza vendita;
- un piano commerciale realistico strutturato;
- una politica di incentivazione sui risultati per i venditori;
- un sistema metodico di verifica e controllo dei risultati.

È evidente che, se gli obiettivi non sono concordati, se l'azienda non ha un piano commerciale strutturato ma spera genericamente nello sviluppo del mercato senza nessuna incentivazione, i venditori difficilmente potranno impegnarsi a fondo sulla crescita delle vendite e si raccoglierà quello che viene, non quello che si vorrebbe. In questo caso l'azienda non può lamentarsi degli scarsi risultati. Cos'è stato fatto per cambiare la situazione? Niente. È come aspettarsi di raccogliere il grano solo seminando senza lavorare la terra, è evidente che il raccolto sarà scarso o nullo.

SEGRETO n. 5: un bravo manager commerciale non agisce a

caso ma in base a precisi piani operativi.

Gestione dei gruppi di vendita

Normalmente nelle aziende i venditori si possono raggruppare in tre tipologie principali:

- funzionari di vendita dipendenti;
- agenti monomandatari a provvigione;
- agenti plurimandatari a provvigione.

A parità di politica commerciale (prezzi di vendita, politica distributiva, minimo d'ordine, contratti di fornitura, scontistica ecc.), le modalità operative e le tecniche di management da utilizzare per gestire le tre tipologie di venditori sono molto differenti, non esiste una regola precisa che indichi quale sia la migliore soluzione organizzativa, ma in generale vale il principio dell'importanza della clientela: più è influente in termini di fatturato, più avrà impatto sull'economia aziendale e sarà necessaria una gestione diretta per incrementarne la fidelizzazione. Il cliente importante sa di esserlo e pretende un trattamento di riguardo in ogni senso.

Funzionari di vendita dipendenti

Vantaggi: hanno motivazioni rivolte alla sicurezza, quindi sono fedeli all'azienda, ricavi e budget sono definibili con una buona dose di probabilità, il manager ha la possibilità di intervenire dando direttive precise e vincolanti, l'attività del funzionario può essere totalmente pianificata, gli affiancamenti del manager in esterno possono essere programmati senza problemi, l'azienda può investire sulla preparazione tecnica, l'uso del materiale di vendita è definito da regole precise a cui il venditore si attiene. Solitamente è ligio nel seguire le direttive in fatto di politica commerciale, il cliente è dell'azienda, il funzionario fa parte della squadra aziendale e in media la difende, è efficace nel seguire anche la clientela marginale.

Svantaggi: alti costi fissi, difficoltà nel cambiare il venditore che si è seduto, poca flessibilità nel rivolgere lo sforzo mediante l'uso di incentivi, la motivazione non è legata ai risultati conseguiti, il funzionario di vendita non è solitamente un apripista ed è poco efficace nello sviluppo di nuova clientela a meno di essere supportato da efficaci iniziative di telemarketing.

Le squadre formate da venditori dipendenti vanno gestite con i concetti del *team working*: va creato il gruppo. Questo tipo di venditore prende forza se capisce di far parte di una squadra, gli piace confrontarsi con i colleghi, all'interno del gruppo c'è sempre un leader cui gli altri fanno riferimento, una volta agganciato lui, il gruppo è agganciato.

Agenti monomandatari a provvigione

Vantaggi: costo variabile, la motivazione è legata ai risultati e agli incentivi, il manager ha la possibilità di intervenire suggerendo delle direttive precise che però non possono avere carattere vincolante nell'organizzazione del lavoro, gli affiancamenti si possono organizzare senza uno sforzo eccessivo, l'azienda può sviluppare un'attività di preparazione tecnica, può suggerire il corretto utilizzo del materiale di vendita, il cliente è dell'azienda, l'agente si sente parte della squadra e solitamente la difende.

Svantaggi: seguire le direttive non è un obbligo per l'agente, il manager ha difficoltà a stabilire e concordare i budget, ordini fatti solo per convenienza economica: l'agente è molto attento al rapporto costi/benefici, non va a trovare un cliente se non è sicuro di fare una vendita che almeno gli ripaghi le spese. La sua attività non può essere pianificata dal manager.

Le squadre di vendita di agenti monomandatari vanno gestite con una grande attenzione, oltre che alla quantità, anche alla qualità della vendita. Anche con gli agenti monomandatari è necessario utilizzare le logiche di *team working* creando una squadra in cui riconoscersi.

Agenti plurimandatari

Vantaggi: costo totalmente variabile o parzialmente variabile, se previsto un minimo di provvigione o un rimborso spese forfettario, flessibilità, motivazione legata ai risultati e agli incentivi.

Svantaggi: non si possono dare direttive vincolanti, fidelizzazione scarsa, solitamente poca preparazione tecnica, problemi per incassi, rese e di procedura ordini, difficoltà nell'individuazione dei budget, il cliente è dell'agente, questi dedica tempo all'azienda solo in funzione della convenienza economica, fa una valutazione precisa costi/benefici e lavora solo per se stesso.

Le squadre di vendita di agenti plurimandatari vanno gestite con un approccio realistico: l'agente lavora per la provvigione, ha un suo parco di clientela dove vende le sue aziende, cerca di fare meno fatica possibile nella trattativa, si dedica alle strutture che più gli facilitano il lavoro con attività di marketing. L'azienda deve mettere in atto da una parte dei sistemi di incentivazione sui risultati, dall'altra dei sistemi per creare un contatto diretto con la clientela attraverso un'intensa attività esterna del Responsabile commerciale (con lo sviluppo di mirate attività di marketing operativo o con un'incentivazione per l'ordine diretto). Non si tratta di scavalcare l'agente plurimandatario, ma rendersi conto dei limiti oggettivi di questa figura professionale alla quale non può essere demandato totalmente lo sviluppo commerciale.

L'affiancamento sul campo dei venditori

Un Responsabile commerciale deve inserire regolarmente l'affiancamento ai venditori nel suo planning mensile e settimanale.

L'affiancamento dei venditori ha diverse finalità:

- addestramento dei venditori;
- dimostrazione vendita articoli nuovi;

- motivazione;
- valutazione livello professionale venditori;
- analisi schede obiettivo e statistiche di vendita;
- formazione nuovi capiarea;
- rilevazione prezzi, notizie di mercato e attività della concorrenza;
- verifica livello di soddisfazione del cliente;
- verifica esposizione/utilizzo prodotti;
- attività di pubbliche relazioni con clienti chiave;
- risoluzioni "problemi commerciali";
- risoluzione problema pagamenti;
- vendite nuovi clienti.

L'addestramento

L'addestramento può essere rivolto ad approfondire nel venditore aspetti specifici della sua attività tra cui:

- miglioramento delle capacità di presentazione e trattativa con il cliente;
- sviluppo di una sensibilità di marketing (vendita di valore);
- valutazione della capacità di utilizzo da parte del venditore degli strumenti di marketing operativo;

- valutazione sull'effetto delle promozioni;
- miglioramento delle capacità relazionali;
- miglioramento delle conoscenze sulle necessità del cliente;
- miglioramento nel venditore della capacità di gestione di clienti di livello crescente;
- sviluppo delle capacità amministrative e organizzative.

Dimostrazione vendita nuovi articoli/servizi

Al momento del lancio di nuovi articoli e servizi è bene che il Responsabile commerciale si accerti di persona che il venditore usi correttamente le argomentazioni che accompagnano il nuovo prodotto.

È dimostrato che le riunioni generali con presentazione e consegna delle brochure non sono sufficienti a garantire che egli sia in grado di proporre efficacemente quel tale articolo o servizio. Ogni prodotto nuovo fa scaturire dei dubbi nella testa del venditore, soprattutto se agente: «Il prezzo è giusto? Funzionerà? E le consegne?» Se i dubbi non sono risolti, il prodotto non verrà proposto con scioltezza; questo è vero specialmente nel trattare un prodotto "difficile" e di non immediata presa. Il venditore, se non particolarmente incentivato, avrà sempre una certa difficoltà a farlo proprio e quindi a proporlo in modo efficace. Inoltre, psicologicamente egli vuol sapere se il suo capo crede al nuovo prodotto, prima di crederci lui stesso.

SEGRETO n. 6: la vera leadership commerciale la si acquisisce con il lavoro sul campo.

Motivazione

Può capitare che il venditore si trovi in un suo "momento no" per varie ragioni di tipo personale o professionale, oppure che le sue statistiche di vendita siano al di sotto della media perché non crede nel prodotto. Il pensiero negativo è il nemico numero uno della vendita. Un attento Responsabile commerciale sa che, in questi casi, occorre intervenire prontamente prima di tutto per capire la portata e l'origine del problema e, successivamente, individuare la soluzione più appropriata.

Se si tratta di un problema personale, darà la sua solidarietà umana, se si tratta di un problema professionale, ad esempio il venditore non crede al prodotto che vende, il Responsabile dovrà mettere in atto tutte le soluzioni possibili per risolverlo efficacemente. Nel caso della poca motivazione sul prodotto, sarà necessario capirne i motivi, che possono essere dovuti a scarsa competenza o a un'insufficiente capacità di svolgere l'analisi dei bisogni del cliente, durante il ciclo di vendita.

Valutazione livello professionale dei venditori

Il problema principale che si trovano ad affrontare i Responsabili commerciali riguarda forse il modo di alzare le perfomance dei venditori più inefficaci senza essere costretti a utilizzare il classico sistema darwiniano, e cioè l'eliminazione dell'elemento debole dal gruppo e la sostituzione con uno (sulla carta) più valido. Pratica che è sempre più difficile attuare efficacemente, vista la penuria di venditori sul mercato.

In mancanza di un metodo strutturato, la valutazione si ferma su considerazioni generiche: è bravo, oppure non è bravo ecc. Ma questo tipo di stima è poco utile per individuare specificamente le aree di intervento.

Naturalmente la situazione cambia completamente se si ha a che fare con venditori dipendenti o con agenti plurimandatari, i primi possono essere coinvolti costruttivamente nel processo di valutazione. Con gli agenti plurimandatari la situazione è diversa, questo parte del presupposto che se le vendite sono scarse è colpa dell'azienda che non dà le giuste argomentazioni, quindi è difficile che accetti una valutazione strutturata, a meno che non sia un giovane all'inizio della carriera.

Il presupposto qui proposto è che, se un venditore ha performance scarse, è principalmente responsabilità dell'azienda che prima lo ha inserito nel gruppo di vendita e poi non ha saputo, o voluto, investire per rafforzarne i punti di debolezza professionale. Come vedremo dettagliatamente nel prossimo capitolo, un venditore efficace deve essere capace in otto ambiti specifici. Quindi, su questo punto, il compito del Responsabile è in pratica quello di effettuare un'analisi obiettiva del suo livello professionale secondo questi otto parametri, definendo in termini di percentuale quale sia la competenza del venditore nell'area specifica (con 0 per cento per nessuna competenza, fino a 100 per cento per una competenza massima).

I parametri da valutare sono:

- competenza tecnica;

- capacità relazionale;
- organizzazione personale;
- convinzioni personali;
- intelligenza emotiva;
- capacità di leadership;
- conoscenza del mestiere;
- motivazione ad agire.

In base alle diverse realtà operative, si possono realizzare dei questionari di valutazione più strutturati, come per esempio il seguente da compilare semestralmente o annualmente per individuare i punti di debolezza su cui intervenire.

Esempio di scheda valutazione venditori

Aree di valutazione:

- attività funzionale: come lavora il venditore;
- tecniche di vendita: come vende;
- organizzazione: come organizza la sua attività;
- attitudini personali: capacità relazionali.

La scheda prevede l'attribuzione di un punteggio per ognuna delle voci proposte secondo questo schema:

- 5 = ottimo
- 4 = buono
- 3 = soddisfacente
- 2 = sufficiente
- 1 = lascia a desiderare
- 0 = insufficiente

È evidente che il massimo punteggio corrisponde alla competenza massima e viceversa. Vediamo ora una serie di domande suddivise per area tematica.

Attività funzionale

- Il venditore parte prontamente?
- Effettua una preparazione adeguata per la giornata lavorativa?
- Ha pianificato bene il percorso?
- Utilizza bene il tempo tra un incontro e l'altro?
- Effettua un numero di visite congruo?

Tecniche di vendita

- È professionale e ispira fiducia?
- Ha un aspetto e un portamento adeguati?

- Ascolta chi prende le decisioni?
- Fa sentire a proprio agio il compratore?
- Tiene sotto controllo il colloquio?
- Ascolta il compratore e ne riconosce i segnali d'interesse?
- Adatta la sua presentazione alle esigenze del cliente?
- È in grado di rispondere alle obiezioni in modo adeguato?
- Vende i vantaggi della proposta o ne elenca solo le caratteristiche?
- È un comunicatore efficace e impiega termini chiari, concisi e interessanti?
- Chiude la vendita utilizzando tecniche appropriate (fiducia, concessione, alternativa, paura)?
- Utilizza bene il materiale di vendita e gli strumenti di marketing?
- È in possesso di una conoscenza adeguata dell'azienda, dei suoi prodotti e delle condizioni di fornitura?

Organizzazione

1. Il venditore registra le osservazioni sulla scheda clienti?
2. Controlla il materiale di vendita prima della visita?
3. Prende in anticipo appuntamenti con i compratori?

4. L'amministrazione prima e dopo visita viene eseguita prontamente e con efficacia?
5. È preciso nella compilazione dell'ordine e nella definizione delle condizioni di fornitura?
6. Le comunicazioni con ufficio e clienti vengono sbrigate in modo preciso, puntuale, tempestivo?
7. Tiene nota da seguito e onora gli impegni presi?

Attitudini personali

1. Mostra calore e amicizia?
2. È capace di proiettare empatia con i compratori?
3. Esprime entusiasmo per l'azienda e i suoi prodotti?
4. È fedele all'azienda?
5. Rispetta le indicazioni aziendali per le condizioni di fornitura?
6. Ha un atteggiamento mentale positivo?
7. È un buon membro della squadra e dimostra partecipazione nelle riunioni?
8. In caso di mancato pagamento si attiva presso il cliente per la risoluzione del problema?

È importante che il venditore partecipi attivamente al processo di valutazione, ed è importante che si approcci a questo confronto con la volontà di aiutare l'altro a rafforzare i suoi punti di debolezza, e non per una sterile critica non costruttiva e demotivante.

SEGRETO n. 7: i venditori vanno valutati non solo per i numeri ottenuti, ma anche sugli aspetti professionali e personali.

Analisi schede obiettivo e statistiche di vendita

La valutazione di un venditore è prima di tutto sui numeri. Il Responsabile commerciale deve confrontarsi regolarmente con lui sui dati di vendita attraverso la valutazione delle statistiche. Quest'attività è importante per tenere focalizzato il venditore sugli obiettivi commerciali, soprattutto se si tratta di un agente plurimandatario. Il confronto sarà sempre fatto in riferimento al budget di zona e agli anni precedenti, e non agli altri venditori, se non in termini generali. L'analisi dei numeri è importante per capire come stanno andando le vendite rispetto al budget, sia quantitativamente (pezzi o fatturato), sia qualitativamente (assortimento, mix vendita, margine ecc.) e, nel caso, attivare le azioni commerciali più opportune per recuperare i volumi persi.

Formazione nuovi capiarea

Un Responsabile commerciale può dirigere personalmente e in modo efficace fino a massimo di dieci/dodici venditori. Soprattutto se ha da gestire territori vasti, come una nazione, è opportuna la creazione della figura del capoarea, al quale delegare parte delle azioni di controllo e gestione di alcuni agenti: fino a sei.

Il capoarea potrebbe essere un funzionario aziendale, o anche uno dei venditori di zona, chiamato a svolgere la funzione con deleghe definite. Questi ha la responsabilità dei risultati commerciali della zona che gli è affidata, è un gestore di team, quindi deve essere messo nelle condizioni di svolgere efficacemente il suo ruolo attraverso una formazione specifica di tipo manageriale, ma soprattutto deve essere formato a una mentalità aziendalista.

Il puro venditore, infatti, per motivi legati alla sua attività ha una visione spesso troppo legata alla realtà locale (tipologia di clientela, mercato, concorrenza ecc.) per poter effettuare un'analisi obiettiva della situazione a carattere più generale. Il capoarea, pur operando in una zona circoscritta, è di fatto un rappresentante dell'azienda e, come tale, deve ricevere una formazione adeguata.

Rilevazione prezzi, notizie di mercato e attività della concorrenza
La capacità di raccogliere e interpretare efficacemente le informazioni che arrivano dal mercato è indispensabile in ogni azienda. Viviamo tempi commercialmente turbolenti e, frequentemente, sul mercato succedono fatti destabilizzanti: prezzi fuori media, promozioni selvagge, offerte al ribasso ecc. Tutte queste informazioni devono essere filtrate prima di passare alla Direzione. È necessario, per un Responsabile commerciale, saper capire se quello che capita sul mercato sia un fenomeno spontaneo o legato a particolari e mirati piani commerciali della concorrenza.

La concorrenza è sempre presente, ma un conto è sapere che un'altra azienda fa una promozione limitata nel tempo su un certo articolo, un altro è venire a conoscenza di una decisa azione commerciale intrapresa dall'altro su una certa tipologia di prodotti, con un diretto attacco a noi. Nel primo caso si potrà intervenire con un'azione di contrasto tattica, che rientra nelle responsabilità del manager commerciale, nel secondo sarà necessaria una decisione di tipo strategico, che rientra nelle responsabilità della Direzione aziendale.

È opportuno quindi che il Responsabile verifichi in prima persona la provenienza e l'attendibilità dell'informazione, per capire se e quanto tenerla in considerazione, prima di passarla alla Direzione con le sue valutazioni.

Verifica del livello di soddisfazione del cliente

La soddisfazione del cliente genera fidelizzazione, la fidelizzazione genera ricavi e redditività maggiori. Capire il livello di soddisfazione della clientela è indispensabile per individuare quali siano i punti di forza o di debolezza dell'azienda e spingere la Direzione a rafforzare i primi e ridurre i secondi.

Dal punto di vista della relazione, ai clienti fa piacere potere parlare con un Responsabile dell'azienda, si sentono considerati e la relazione con essa si rafforza. Come in tutti gli ambiti della vita, un rapporto forte può sopportare anche grandi stress, uno debole si rompe alle prime difficoltà. Vedremo nel dettaglio nel capitolo 5 le metodologie utilizzabili per incrementare la fidelizzazione del cliente.

SEGRETO n. 8: per una gestione commerciale efficace, occorre saper dirigere in modo opportuno le informazioni raccolte sul mercato.

La gestione per obiettivi delle organizzazioni commerciali presuppone da parte del Responsabile la capacità di coordinare e guidare in modo mirato l'azione dei componenti del team.

RIEPILOGO DEL CAPITOLO 2:

- SEGRETO n. 4: la base di partenza per ogni azione commerciale è la definizione di specifici obiettivi quantitativi e qualitativi: cosa vogliamo vendere, quanto vogliamo vendere, a chi vogliamo vendere.
- SEGRETO n. 5: un bravo manager commerciale non agisce a caso ma in base a precisi piani operativi.
- SEGRETO n. 6: la vera leadership commerciale la si acquisisce con il lavoro sul campo.
- SEGRETO n. 7: i venditori vanno valutati non solo per i numeri ottenuti, ma anche sugli aspetti professionali e personali.
- SEGRETO n. 8: per una gestione commerciale efficace, occorre saper dirigere in modo opportuno le informazioni raccolte sul mercato.

CAPITOLO 3:
Come si fa la vendita consultiva

Abbiamo definito che i compiti principali del Responsabile commerciale sono la determinazione degli obiettivi di vendita e la gestione operativa della struttura commerciale, tra cui i venditori e il loro coordinamento, in funzione del raggiungimento degli obiettivi stessi.

La gestione operativa prevede quindi, prima di tutto, la definizione di mete precise, ma poi occorre svolgere attività commerciale per raggiungerle, come contattare e gestire i clienti nel modo più efficace. In particolare è necessario che il manager si occupi direttamente delle vendite, possegga l'approccio e le competenze necessarie a operare con efficacia. Il modo, quindi, in cui è svolta l'attività di vendita determina i risultati.

Se questo è vero, ne deriva che compito del responsabile commerciale non si ferma alla definizione dei punti di arrivo, ma anche nel formare efficaci venditori, in grado di operare autonomamente. Per farlo, deve saper prima valutare i suoi uomini in modo strutturato, non solo in merito ai numeri di vendita, ma soprattutto in funzione delle caratteristiche personali e professionali che identificano il "bravo venditore".

In primis, il Responsabile commerciale farebbe un grave errore di valutazione nel pensare che la vendita sia un'attività da svolgersi in modo estemporaneo e creativo e che il venditore nasca già pronto. Non è cosi, soprattutto non è cosi oggi.

Viviamo in un'epoca di massimizzazione delle performance e non è più possibile operare efficacemente e professionalmente nel lavoro di vendita solo con l'improvvisazione, la fantasia e una buona parlantina. Occorre tenere in considerazione che il ruolo del venditore, per il cliente, si è trasformato negli ultimi anni con l'avvento di internet.

Qualsiasi cliente oggi, prima di fare un acquisto, si informa sulle varie possibilità di approvvigionamento, sulle caratteristiche del prodotto di cui si ha bisogno e sull'azienda fornitrice. I compratori, in teoria, sono sempre più preparati e informati, ne deriva che l'epoca del "venditore imbonitore", che con la parlantina incantava il cliente, è finita per sempre. Il venditore oggi deve portare al cliente un valore aggiunto che non è solo quello della competenza tecnica, ma di un'abilità allargata alla capacità di fare una proposta che impatti positivamente sulla "catena di valore del cliente stesso", cioè sulla sua economia, focalizzando l'azione di vendita sui vantaggi del cliente.

SEGRETO n. 9: per un venditore efficace è prioritaria la capacità di incentrarsi sui fabbisogni del cliente e sulle sue necessità.

Qualche anno fa, tra gli addetti ai lavori si affermava con convinzione che la professione del venditore sarebbe finita, soppiantata dalle vendite online. La realtà attuale è molto diversa, paradossalmente l'avvento di internet non solo non ha determinato la fine della professione di venditore, ma anzi ne ha stabilito l'evoluzione in termini positivi. Possiamo dire che sta finendo l'epoca del "venditore raccoglitore d'ordini" e si sta affermando sempre più la figura del "venditore consulente", da cui la definizione di *vendita consultiva.*

Infatti, se è facile reperire informazioni su internet, non è sempre facile capire se quello che si trova è esattamente quello di cui si ha bisogno, in particolare per le vendite B2B (*business to business*). I clienti hanno bisogno e apprezzano delle figure che li consiglino per il meglio nei loro acquisti.

La proposta di prodotti e servizi è diventata molto specializzata, ed è per questo che il venditore oggi, tendenzialmente, si sta trasformando in un vero e proprio consulente commerciale, in grado di entrare nella dinamica di utilizzo del prodotto da parte del cliente, proporre la soluzione più adatta e ricevere i feedback appropriati nella fase di post-vendita.

Il commerciante moderno, quindi, nella relazione con il cliente non può più essere orientato solo al momento della vendita disinteressandosi del prima e del dopo. Egli è principalmente una persona di relazione, che funge da interfaccia tra il fornitore e il cliente, lavorando per curare gli interessi di entrambi, in una logica di partnership.

La capacità di relazionarsi con la clientela in termini costruttivi è forse la caratteristica principale che oggi deve possedere un venditore professionista. La capacità relazionale condiziona nel bene e nel male l'abilità di produrre business e, per il Responsabile commerciale, rappresenta un indicatore comportamentale primario nella valutazione dei venditori.

Oltre a una sviluppata capacità relazionale, a chi si occupa di commercio è richiesta una maggiore capacità organizzativa, di pianificazione del lavoro e di integrazione con l'organizzazione aziendale.

A tutti gli effetti, il venditore lavora in esterno, ma non può più farlo in solitario, non farsi mai sentire, inviare gli ordini via fax o email e partecipare malvolentieri a qualche sporadica riunione.

La concorrenza accesa costringe tutte le aziende a impostare dei piani commerciali sempre più strutturati. Al venditore esterno è affidata la realizzazione pratica del piano commerciale. Per poter agire efficacemente, egli ha necessità di sviluppare delle interrelazioni sempre più forti con l'azienda e in particolare con l'ufficio vendite.

Le aziende si aspettano, da parte del venditore, la capacità di capire, fare propria e interpretare operativamente al meglio la logica del piano commerciale. Si aspettano che un responsabile di zona conosca perfettamente il proprio mercato in termini di potenziale, caratteristiche, distribuzione della clientela e attività della concorrenza, e che sia in grado di trasferire al Responsabile commerciale tutte le informazioni utili ai fini della realizzazione del piano commerciale, che sia in grado di interfacciarsi costruttivamente con l'ufficio vendite ma, soprattutto, si aspettano che **sappia vendere**.

SEGRETO n. 10: la vendita moderna è un'attività professionale articolata ed evoluta, in cui per essere efficaci bisogna dedicare molti sforzi alla preparazione e all'organizzazione del personale.

Cosa significa vendere oggi?

Vendere un prodotto o un sevizio significa soddisfare i bisogni palesi o latenti del cliente mediante un attivo processo di comunicazione orientata al risultato. La vendita, a tutti gli effetti, è principalmente un'attività di relazione.

La definizione è facile, ma vendere non lo è, perché significa sapersi relazionare positivamente con altre persone, spesso sconosciute. Nel momento del rapporto commerciale entra in gioco la personalità del venditore e, senza un'attenta gestione dei nostri stati d'animo e una chiara visione delle fasi del processo di commercio, il contatto si può concludere con un nulla di fatto.

Attività di vendita: evoluzione

In un mercato ad alta concorrenza come quello attuale, la quantità di beni e servizi proposti al cliente supera la naturale capacità di assorbimento del mercato stesso. L'evoluzione della clientela, dei mercati, della tecnologia, ha determinato un cambiamento delle tecniche di vendita:

- *anni Sessanta-Settanta*: un sistema di vendita di tipo distributivo che consiste nel fornire quello che il cliente chiede spontaneamente (raccogliere ordini), non ci sono molte tensioni sui prezzi, i pagamenti sono regolari, all'azienda basta produrre;

- *anni Ottanta-Novanta*: prevalenti sistemi di commercio manipolativo o ad alta pressione (vendita ad alta pressione). Il venditore non tiene in considerazione le esigenze del cliente ma è orientato solo al risultato. Molta spinta sui prezzi, le aziende sono concentrate ad aumentare la produttività per ridurre i costi unitari. Si tratta di un tipo di vendita in estinzione perché sono cambiate le condizioni di mercato e i clienti sono diffidenti verso questo tipo di approccio;
- *anni Duemila*: vendita consultiva. Caratteristiche del mercato: globalizzazione, digitalizzazione, informazione diffusa, rapida obsolescenza di prodotti e servizi, il cliente si trasforma da soggetto passivo a soggetto che interagisce con l'azienda e che è in grado di influenzarne le scelte strategiche. Il sistema di vendita più efficace è di tipo consultivo, consiste nell'analizzare i bisogni del cliente soddisfacendo i desideri manifesti o facendo emergere dei bisogni latenti che non si sono ancora palesati. Le aziende sono impegnate nell'innovazione, nello sviluppo della capacità di comunicazione, nella fidelizzazione degli acquirenti, nel controllo di gestione.

SEGRETO n. 11: la vendita moderna pone molta più attenzione all'aspetto di relazione con il cliente piuttosto che alla concentrazione sulla semplice transazione.

La vendita consultiva

La vendita oggi è strettamente legata alla capacità di costruire, prima di tutto, una relazione umana con il potenziale cliente. Essa rimane uno scambio di valore: prodotti o servizi in cambio di denaro. Ma se un tempo il venditore e il cliente erano concentrati sul momento della transazione fine a se stessa, quasi come antagonisti, oggi la vendita rientra in un processo che vede unite le due parti non solo nel momento della trattativa, ma anche nelle fasi precedenti e seguenti la vendita. L'utilità e la corrispondenza alle aspettative del prodotto o servizio determinano la qualità della relazione tra venditore e cliente e condizionano la possibilità di concludere altri affari nel futuro.

Se il prodotto e il servizio hanno riposto pienamente alle aspettative il cliente farà altri ordini, se questi rispetta le condizioni di fornitura il venditore continuerà a dargli del prodotto in un rapporto di utilità reciproca. La relazione d'affari quindi deve essere reciprocamente favorevole.

Le fasi del processo di vendita consultiva

Il cliente non può essere solo un bersaglio passivo dell'azione commerciale (marketing e vendita), ma diventa lui stesso un protagonista nel processo, in quanto saranno le sue necessità manifeste a determinare il livello della proposta. Nasce il concetto di **catena del valore**.

In effetti non siamo noi a vendere, ma il cliente a comprare, e prima di comprare il nostro prodotto/servizio, compra la nostra persona. È oramai consolidato che la vendita consultiva professionale sia un'attività metodologica, la cui dinamica non è basata sull'improvvisazione ma sulla gestione efficace delle seguenti sei fasi:

1. il primo contatto;
2. l'analisi dei bisogni;
3. la presentazione delle proposte;
4. il superamento delle obiezioni;
5. la chiusura della vendita;
6. il post-vendita.

Il processo o ciclo di vendita, nella sua dinamica, vale per tutti i settori merceologici ed è rigido nella sua sequenza. Ogni fase va gestita specificamente se la si vuole portare positivamente alla conclusione. Non si può passare, per esempio, direttamente dal primo contatto alla chiusura della vendita senza superare le fasi intermedie o non si può pensare di chiudere la vendita senza prima aver individuato i bisogni del cliente.

Obiettivi della vendita consultiva

Ogni fase del processo commerciale ha precisi obiettivi:

- fase 1: contatto – obiettivo: stabilire una relazione con il cliente;
- fase 2: analisi dei bisogni – obiettivo: conoscere le esigenze del cliente, le sue aree di insoddisfazione;
- fase 3: presentazione delle proposte – obiettivo: proporre al cliente una proposta in linea con le sue esigenze e che vada a risolvere le sue insoddisfazioni;
- fase 4: superamento delle obiezioni – obiettivo: rispondere efficacemente ai dubbi del cliente;
- fase 5: chiusura della vendita – obiettivo: definire la struttura dell'ordine e condizioni di fornitura;

- fase 6: post-vendita – obiettivo: far capire al cliente che siamo presenti in caso di necessità.

Per una conclusione positiva del processo di vendita, non si passa alla fase successiva senza aver raggiunto gli obiettivi prefissati in quella precedente. I vari passaggi, per essere svolti in modo efficace, comportano abilità differenti, che vediamo ora nel dettaglio.

Il primo contatto

L'obiettivo della fase di contatto è lo sviluppo della relazione, il momento in cui si mettono le basi per poter poi svolgere i punti successivi. Qui è importante creare un canale di comunicazione con il cliente; osservando lui, i suoi collaboratori e l'ambiente circostante, si può decidere di impostare e utilizzare la strategia di approccio più adatta, ma in generale è il momento in cui il venditore deve saper generare simpatia, far provare al cliente una sensazione piacevole e l'interesse a continuare a mettere a disposizione il suo tempo, per starlo ad ascoltare.

Le abilità necessarie in questa fase sono di tipo relazionale:

capacità comunicative, flessibilità, spirito di osservazione, positività.

L'analisi dei bisogni

L'obiettivo è scoprire le necessità e i bisogni del cliente, prima di proporre la nostra migliore soluzione alle sue necessità.

Si raggiunge tale meta solo facendo domande e ascoltando le riposte. È individuando le aree di insoddisfazione del cliente che si apre per il venditore la possibilità di vendere. In questa fase si deve possedere la capacità di fare parlare il cliente con domande mirate e quella di ascoltare le risposte; servono forti capacità di ascolto, empatiche e analitiche.

La presentazione delle proposte

Dopo l'analisi dei bisogni, che ha fatto emergere le sue insoddisfazioni, il cliente è pronto ad ascoltare una proposta per lui vantaggiosa, in linea con i suoi obiettivi personali e/o professionali.

In questa fase il venditore espone la sua offerta. Le competenze saranno di tipo tecnico: conoscenza del prodotto e del servizio, focalizzazione sul problema, chiarezza espositiva, energia, determinazione, capacità di leadership.

Le obiezioni, ovvero la trattativa

Prima dell'acquisto il cliente presenterà sempre delle obiezioni. L'obiettivo di questa fase è il superamento delle opposizioni razionali e irrazionali. Le competenze del venditore in questa fase saranno in parte di tipo tecnico, per poter rispondere efficacemente ai dubbi razionali, e in parte psicologiche, per poter individuare e superare le barriere emotive del compratore.

La conclusione della vendita

L'obiettivo di questa fase è chiudere la vendita. Arriva un momento della trattativa in cui tutte le obiezioni sono superate e bisogna chiedere al cliente di fare l'ordine. In questo momento il venditore deve essere in grado di cancellare le ultime incertezze, servono doti di leadership e determinazione.

Il post-vendita

Quando la vendita è conclusa, il lavoro commerciale non è finito.

Compito del venditore è mantenere vivo il rapporto per sviluppare in seguito altri affari. Il cliente ha comprato, ma il venditore sa che per poter realizzare un'altra vendita deve continuare a mantenere aperto il loro canale relazionale, interessandosi del livello di soddisfazione del compratore dopo la transazione.

SEGRETO n. 12: la vendita è un processo suddiviso in sei fasi, ognuna di queste va gestita con attenzione e non può essere banalizzata.

In base a quanto esposto, un responsabile commerciale potrebbe valutare le capacità dei sui venditori esprimendo un punteggio su ognuna delle qualità indispensabili per riuscire nella vendita, come abbiamo visto nella scheda di valutazione proposta nel capitolo precedente. Per la valutazione professionale dei venditori, può essere utilmente presa ad esempio anche la tabella sotto riportata, che ha il vantaggio di rendere immediatamente visibili le aree critiche.

Il suo uso è molto semplice e immediato. Per ogni caratteristica in esame, si darà un punteggio percentuale in base alla nostra valutazione, più è basso il punteggio su di un'area più occorrerà lavorarci per rafforzarla.

Scheda valutazione professionale: venditore sig. ....

COMPETENZA TECNICA	valutazione ....
CAPACITÀ RELAZIONALE	valutazione ....
ORGANIZZAZIONE PERSONALE	valutazione ....
CONVINZIONI	valutazione ....
INTELLIGENZA EMOTIVA	valutazione ....
LEADERSHIP	valutazione ....
MESTIERE	valutazione ....
MOTIVAZIONE	valutazione ....

Prendiamo in esame tutte le caratteristiche nel dettaglio.

Competenza tecnica: il venditore deve sapere tutto del servizio o del prodotto che vende, essere informato sull'attività della concorrenza, sulle evoluzioni del mercato in cui opera. Più informazioni possiede, più è in grado di svolgere l'analisi preliminare, di presentare le proposte e superare le obiezioni.

Capacità relazionale: è la capacità di costruire relazioni positive con le persone, si basa sul "capire l'altro", grazie all'ascolto attivo, all'empatia, alla capacità di generare fiducia nell'altra persona e creare una comunicazione efficace.

Organizzazione personale: è il saper muoversi secondo un piano definito, gestire al meglio la risorsa tempo, agire in base alle priorità, arrivare dal cliente preparati e con tutto il materiale che serve per la vendita.

Convinzioni: chi vende deve possedere o saper generare convinzioni positive su se stesso, sul cliente, sul prodotto che offre.

Intelligenza emotiva: è l'attitudine a saper governare i propri stati d'animo in base alle circostanze, ad agire in base al risultato che si vuole ottenere, al non farsi coinvolgere dagli umori negativi del cliente.

Leadership: per un venditore, è la capacità di mantenere il controllo attivo della trattativa di vendita, non facendosi intimorire o condizionare dal cliente.

Mestiere: è l'esperienza pratica quotidiana che arricchisce il bagaglio professionale. È la somma delle informazioni sui clienti, sul mercato, sul prodotto, sulla concorrenza, sull'ambiente in cui si muove e i trucchi del mestiere, che un venditore ha accumulato negli anni.

Motivazione: è la capacità di muoversi con determinazione verso degli obiettivi da raggiungere focalizzati sui risultati e non sugli ostacoli.

Come migliorare le competenze dei venditori nelle varie aree

- per sviluppare la competenza tecnica è necessario provvedere alla formazione specifica sul prodotto o servizio venduto, focalizzata sulle capacità dello stesso di rispondere alle esigenze dei clienti;
- per alimentare la capacità relazionale bisogna provvedere a una formazione specifica che insegni al venditore come creare un rapporto con il cliente;
- per l'organizzazione personale occorre coinvolgere il

venditore, ove sia possibile, nell'utilizzo di procedure aziendali standardizzate e formalizzate di planning, reporting e gestione scheda cliente e scheda obiettivo;

- per sviluppare delle convinzioni potenzianti è necessario il lavoro relazionale del Responsabile;
- l'intelligenza emotiva si accresce con la formazione sulla gestione degli stati d'animo;
- per implementare le capacità di leadership sono necessari l'affiancamento operativo e una formazione specifica;
- il mestiere si sviluppa con molte visite a clienti di diverso tipo;
- la motivazione ha bisogno di politiche di incentivazione e lavoro relazionale del responsabile.

SEGRETO n. 13: una grande squadra di vendita è frutto di un attento lavoro del Responsabile commerciale, che prima identifica e poi interviene per ridurre i punti di debolezza dei propri uomini.

L'attività di vendita si è molto evoluta con gli anni. Dal 2000 l'aspetto relazionale, cioè il rapporto con il cliente, è preponderante rispetto alla semplice attività di transazione. Il venditore efficace è concentrato sull'individuazione prima e soddisfazione poi dei bisogni manifesti e latenti del cliente. Il Responsabile commerciale deve fare sua questa filosofia di vendita e portarla all'interno del team con l'esempio e l'attività formativa.

RIEPILOGO DEL CAPITOLO 3:

- SEGRETO n. 9: per un venditore efficace è prioritaria la capacità di incentrarsi sui fabbisogni del cliente e sulle sue necessità.
- SEGRETO n. 10: la vendita moderna è un'attività professionale articolata ed evoluta, in cui per essere efficaci bisogna dedicare molti sforzi alla preparazione e all'organizzazione del personale.
- SEGRETO n. 11: la vendita moderna pone molta più attenzione all'aspetto di relazione con il cliente piuttosto che alla concentrazione sulla semplice transazione.
- SEGRETO n. 12: la vendita è un processo suddiviso in sei fasi, ognuna di queste va gestita con attenzione e non può essere banalizzata.
- SEGRETO n. 13: una grande squadra di vendita è frutto di un attento lavoro del Responsabile commerciale, che prima identifica e poi interviene per ridurre i punti di debolezza dei propri uomini.

CAPITOLO 4:
Come migliorare efficienza ed efficacia

Il ruolo dell'organizzazione

Per svolgere nella maniera migliore il ruolo di Responsabile commerciale è importante migliorare la propria capacità organizzativa. Mai come oggi abbiamo tanto bisogno di essere organizzati, l'ambiente lavorativo è caratterizzato da una costante pressione a fare di più con meno risorse. Per affrontare adeguatamente tutto questo, dobbiamo gestire il tempo, le informazioni, le persone e la tecnologia nel modo più efficiente ed efficace possibile per produrre i risultati su cui verremo giudicati

Le ragioni della disorganizzazione personale

La disorganizzazione personale è una caratteristica operativa che deriva da:

- **pressioni esterne**: tutte le influenze esterne a noi che subiamo e che condizionano la nostra organizzazione, sono le priorità degli altri;

- **inefficienze del sistema**: la nostra organizzazione è condizionata dall'inefficienza della struttura, come ad esempio presentarsi a un appuntamento preso dall'ufficio e non trovare l'interlocutore perché l'appuntamento non è stato confermato;
- **fattori personali**: siamo noi le cause della nostra disorganizzazione, poiché siamo mentalmente disorganizzati.

Se vediamo la disorganizzazione in termini positivi, cioè se per noi è un pregio, perché disorganizzazione significa creatività, faremo fatica a cambiare atteggiamento. Come tutti sanno, è molto difficile modificare abitudini e convinzioni radicate da tempo, è necessario *volerlo* fare per puntare al risultato.

La premessa per costruire un'efficace gestione del tempo è che esso è una risorsa limitata. La mancanza di tempo è il *leitmotiv* di tutti in ogni azienda, è indispensabile scegliere come e dove concentrare gli sforzi. Non abbiamo bisogno di più tempo, ma di utilizzare meglio quello che abbiamo per sviluppare i nostri progetti. Il manager è, fondamentalmente, uno sviluppatore e realizzatore di progetti, quindi un risolutore dei problemi organizzativi sorti nel passare dall'idea all'azione pratica.

Un manager è impegnato ad aggiungere forza e impatto alla struttura di cui è responsabile. Questo significa che deve impegnarsi a rendere le persone più produttive. La spinta alla motivazione, se non è supportata da un miglioramento organizzativo, dopo un po' perde di efficacia, perché lo sviluppo senza organizzazione crea caos e conseguente demotivazione.

Non è pensabile che le persone si organizzino efficacemente da sole per portare i risultati voluti. La gestione del processo organizzativo è il vero campo di battaglia del Responsabile commerciale che qui dimostrerà il suo valore manageriale.

Per raggiungere grandi risultati occorre essere in grado di portare avanti contemporaneamente molti progetti. Per farlo senza dispersioni e con buone probabilità di riuscita è necessario darsi un metodo e una disciplina, occorre saper pianificare la propria attività.

SEGRETO n. 14: un manager commerciale per svolgere efficacemente il suo ruolo deve sviluppare competenza organizzativa.

Pianificazione

La pianificazione è un processo che, partendo dall'analisi della situazione esistente e dalle risorse a disposizione, definisce gli obiettivi desiderabili e i relativi piani di azione, per tradurli in realtà stabilendo un ordine di priorità nello svolgimento attivo.

Il processo di pianificazione di qualsiasi attività lavorativa, ci pone di fronte a tre principali quesiti:

1. Dove siamo? (aree critiche);
2. Dove vogliamo andare? (aree di intervento);
3. Come vogliamo fare per arrivarci? (strumenti dell'intervento).

Fig. 2 – Schema logico di pianificazione operativa

La pianificazione, quindi, è un processo che parte dalla creazione mentale del progetto o dell'iniziativa da portare avanti, che successivamente viene organizzata in forma scritta, nelle sue varie componenti, in ordine di priorità.

Esempio 2: ricerca di un nuovo agente per la Lombardia entro due mesi.

Modello di pianificazione

Fasi di pianificazione:

1. definire il profilo del candidato;
2. decidere le modalità di ricerca: inserzione, passaparola ecc.;
3. disdettare l'agente attuale;
4. programmare la pubblicazione dell'inserzione su riviste di settore;
5. contattare i clienti di zona per eventuali segnalazioni;
6. contattare agenti altre zone per segnalare collega in Lombardia;
7. svolgere i colloqui di selezione;
8. assunzione e programmazione periodo di prova.

Piano di attuazione

Il piano di attuazione è la distribuzione nel tempo delle tappe intermedie del percorso, che la pianificazione ha stabilito per arrivare all'obiettivo. Si realizza inserendo le attività pianificate nel nostro *planning* annuale, mensile, settimanale; questo ci porterà al raggiungimento delle tappe intermedie, che porteranno a loro volta a raggiungere l'obiettivo finale nei tempi previsti.

Programmare significa riempire l'agenda, dando il giusto spazio temporale alle attività necessarie allo sviluppo dei progetti sui cui siamo impegnati. Normalmente per programmare efficacemente la realizzazione di un progetto si comincia dalla fine, dalla cosiddetta *dead line* e a ritroso si arriva al momento attuale, inserendo le varie attività secondo quanto pianificato.

Inserire le attività in agenda

Dallo schema operativo di progetto, le varie attività vanno riportate in agenda. Naturalmente il planning dovrà adattarsi alla realtà, ma senza una definita base di ancoraggio temporale si corre il serio rischio di non realizzare il progetto o di farlo tardi e male.

La costruzione dell'agenda di lavoro

La base del nostro lavoro di Responsabili commerciali è l'agenda, che deve essere costruita in funzione degli obiettivi generali che vogliamo raggiungere. Per costruire bene l'agenda di lavoro dobbiamo avere chiari:

1. le priorità: non si può fare tutto, occorre avere la capacità di definire quale attività svolgere prima;

2. gli obiettivi generali: senza obiettivi precisi e definiti è impossibile costruire un piano di azione;
3. le caratteristiche personali di ciascuno, che influiscono sulla sua attività.

Gestione del tempo

La gestione del tempo è diversa da persona a persona, ma in linea di principio vi si possono identificare due grandi categorie di approcci:

- **gestione proattiva**: «Io gestisco il mio tempo in funzione dei miei obiettivi»;
- **gestione reattiva**: «Il tempo mi gestisce, tutto è urgente, non riesco a tenere sotto controllo la mia attività in funzione dei miei obiettivi».

È chiaro a tutti che la gestione del tempo proattiva è quella più corretta, ma per realizzarla non è sufficiente la volontà, bisogna imparare a utilizzare degli strumenti di pianificazione e programmazione che aiutino a rimanere focalizzati sui propri obiettivi.

Uno dei migliori e più semplici di questi strumenti è il **planning per priorità**.

Il planning per priorità è uno strumento di pianificazione (giornaliera, settimanale, mensile, annuale) dove accanto ai giorni si inseriscono le azioni prioritarie che vogliamo effettuare nel periodo di tempo preso in considerazione per raggiungere degli obiettivi che ci siamo posti.

Il planning settimanale va costruito:

1. inserendo nella colonna iniziale le attività prioritarie che si è stabilito di svolgere nella settimana;
2. inserendo nell'agenda della settimana le varie attività che si sono identificate come prioritarie.

Influenza dell'urgenza e importanza nell'uso del tempo

Visto che il tempo è una risorsa limitata e non si può fare tutto, è necessario stabilire dei criteri per la classificazione delle attività su cui concentrarsi. In termini generali, i più utilizzati sono:

- urgenza;
- importanza.

Urgenza: sono problemi che richiedono un'attenzione immediata, da risolvere adesso, cose ben visibili che premono su di noi per farci agire. Spesso sono utili, piacevoli, necessarie, ma spesso sono anche prive di importanza diretta, cioè interessano molto altre persone ma per noi hanno poco valore.

Importanza: le cose necessarie in riferimento ai risultati che vogliamo raggiungere e agli obiettivi che ci poniamo.

La classica ripartizione del tempo inserisce le attività quotidiane in una matrice di valutazione a quattro settori in base a importanza e urgenza. Le nostre efficienza e capacità organizzativa si possono identificare semplicemente valutando quanto tempo passiamo all'interno dei vari settori.

URGENTE E IMPORTANTE	URGENTE NON IMPORTANTE
• Crisi/Problemi pressanti • Appuntamenti presi • Riunioni programmate • Report • Preparativi per incontri con clienti	• Interruzioni, alcune telefonate, parte della corrispondenza, un certo tipo di rapporti, alcune riunioni • Faccende da sbrigare al più presto • Attività che stanno a cuore ad altre persone
NON URGENTE E NON IMPORTANTE	**NON URGENTE MA IMPORTANTE**
• Faccende banali • Parte della corrispondenza • Persone che fanno perdere tempo	• Pianificazione attività • Analisi risultati • Prevenzione, delega • Sviluppo di relazioni • Individuazione opportunità • Aggiornamento professionale

Fig. 3 – Gestione del tempo: tipologia attività

Quadrante urgente e importante

È il quadrante del lavoro a testa bassa dove manca il tempo per fermarsi a pensare troppo ma bisogna darsi da fare. Le cose da fare sono talmente tante, tutte urgenti, tutte importanti che il tempo non basta mai. Molti vivono per lo più in questa modalità, ma così i risultati più prevedibili alla lunga saranno:

- alti livelli di stress;
- insoddisfazione crescente;
- problemi di salute;
- crisi gestionali;
- continua necessità di gestire emergenze;
- risultati non in linea con gli obiettivi.

Quadrante urgente e non importante

È il quadrante dell'impegno privo di valore. Dove le giornate sono riempite di cose da fare che però portano a scarsi o nulli risultati per noi. Ci si dà tanto da fare per costruire poco. Se si passa la maggior parte del tempo in questo quadrante i risultati più prevedibili saranno:

- focalizzazione su obiettivi a breve termine;
- crisi gestionale;
- reputazione d'incostanza;
- obiettivi e progetti sono visti come privi di validità;

- senso d'impotenza;
- relazioni superficiali o nulle.

Quadrante non urgente e non importante

È il quadrante del disimpegno, della mancanza di motivazione, della mancanza di responsabilità. Se si passa la maggior parte del tempo in queste attività i risultati più prevedibili saranno:

- totale irresponsabilità;
- licenziamento dai posti di lavoro.

Quadrante non urgente ma importante

Questo quadrante è il cuore di un'efficace gestione personale. Esso riguarda lo sviluppo di relazioni, la pianificazione a lungo termine, il fare pratica, la manutenzione preventiva, la formazione, tutte quelle cose che sappiamo di dover fare ma rimandiamo perché non sono urgenti. Le persone operativamente efficaci invece pensano preventivamente.

Se si passa la maggior parte del tempo in questo quadrante i risultati più prevedibili saranno:

- realizzazione di progetti;

- equilibrio emozionale;
- senso di controllo del proprio destino;
- aumento della leadership;
- miglioramento della qualità della vita.

La misura delle performance: efficacia-efficienza

Dal punto di vista della valutazione generale, i due parametri qualitativi con cui si possono misurare le performance delle persone e delle organizzazioni sono:

- *efficacia:* indica il rapporto tra obiettivi e risultati (ad esempio il rapporto tra numero di visite e ordini);
- *efficienza*: indica il rapporto tra risultati e risorse (ad esempio rapporto tra visite e tempo a disposizione).

Le massime performance si ottengono quando si è molto efficaci e molto efficienti.

Esempio 3: due venditori, otto ore di lavoro.

Venditore 1: sei visite, quattro ordini, valutazione efficace ed efficiente.

Venditore 2: tre visite, un ordine, valutazione inefficace e inefficiente.

Il responsabile commerciale nella valutazione operativa dei suoi uomini non può non considerare l'aspetto della produttività personale, che dipende in modo diretto dalla modalità di gestione del tempo.

Problemi nell'efficace gestione del tempo

Gestire il tempo non è facile perché servono disciplina metodo e controllo emozionale. Le caratteristiche personali che più creano problemi nell'organizzazione temporale sono:

- la dipendenza dall'urgenza (effetto adrenalina);
- l'incapacità di fissare priorità (non saper dare valore alle cose da fare);
- l'incapacità a definire obiettivi specifici derivanti dalle priorità;
- l'incapacità di organizzare il lavoro attorno a queste priorità;
- la mancanza della capacità di pianificazione (non saper pensare ai progetti in termini preventivi di sequenza);
- la mancanza di autodisciplina per lavorare su tali priorità;

- la paura del fallimento.

Le priorità

Per definire le nostre priorità è necessario farsi delle domande su quello che si sta facendo del tipo:

- «Quanto è importante quest'attività per il raggiungimento dei miei obiettivi?»
- «Quanto è urgente? Entro quanto bisogna potarla a termine?»
- «Mi aiuterà a raggiungere i miei obiettivi a medio/lungo termine?»
- «Chi è coinvolto? Quanto sono importanti queste persone per me?»
- «Se svolgo tale attività, a quali altre dovrò sottrarre tempo o non riuscirò a fare? Cosa è meglio scegliere?»

Esempio 4: priorità per il Responsabile commerciale:

- incrementare il gruppo agenti;
- definire piani commerciali;
- organizzare ufficio vendite;
- migliorare la gestione delle riunioni di vendita;
- fare un aggiornamento professionale in aree specifiche;

- pianificare attività di affiancamento;
- analizzare le statistiche di vendita;
- stilare relazioni alla Direzione.

Di seguito alcuni suggerimenti per pianificare bene il tempo:

- non rimandare le attività che non piacciono ma che sono importanti per il raggiungimento degli obiettivi;
- scrivere le idee che vengono in mente per non dimenticarle;
- programmare di svolgere le attività più importanti e che richiedono maggiore concentrazione nelle ore di più efficienza psicofisica;
- prevedere in anticipo le possibili difficoltà e i relativi piani d'emergenza alternativi;
- non farsi scoraggiare dalle difficoltà e dai problemi, viverli come una stimolante sfida;
- decidere cosa non fare, dobbiamo essere consapevoli che non abbiamo il tempo per tutto;
- lavorare con l'obiettivo di ottimizzare il tempo, i risultati di un anno sono la somma dei risultati di ogni giorno;
- portare a termine i lavori che si iniziano, obbligarsi a rispettare le scadenze.

SEGRETO n. 15: la competenza organizzativa si basa sulla capacità di gestire, in termini di *valore prodotto*, il tempo a disposizione dei singoli e dell'organizzazione al fine di aumentare la produttività.

La gestione del tempo: verità scomode

La buona o cattiva gestione del tempo dipende dalle abitudini. Un'abitudine è una tendenza costante della mente e del carattere. Rimandare sempre e sentirsi continuamente in arretrato può diventare un modo di vita e un simile comportamento meccanico non è semplice da modificare, per questo, se vogliamo costruire, realizzare progetti, modificare in meglio la situazione esistente e portare più risultati, non c'è altra strada che una perseverante attenzione all'utilizzo efficace del tempo.

Per raggiungere grandi risultati, è necessario acquisire consapevolezza nell'utilizzo del tempo e disciplina nell'organizzazione delle giornate.

Il cruscotto direzionale commerciale

Abbiamo visto in modo approfondito quanto la gestione del

tempo influisca sulla produttività delle persone e delle organizzazioni. Il Responsabile commerciale deve saper migliorare la produttività, ma per farlo in modo efficace è necessario l'utilizzo integrato di strumenti metodologici che consentano di tenere sotto controllo le variabili in gioco.

Il cruscotto direzionale commerciale è il terzo strumento metodologico, dopo le schede di valutazione dei venditori e i planning settimanali, necessario al Responsabile commerciale per svolgere efficacemente il suo ruolo. Per dare il ritmo all'organizzazione, valutarne la produttività generale e dei singoli, leggere la sua realtà operativa, ideare e realizzare piani commerciali, valutare i risultati ottenuti, impostare azioni di incentivazione, il manager ha bisogno di precisi strumenti gestionali: le statistiche commerciali.

Per cruscotto direzionale commerciale si intendono tutte le statistiche che sono necessarie per:

- valutare l'andamento delle vendite rispetto al budget per nazione, area, agente, cliente, categoria merceologica e singolo prodotto;

- valutare le vendite in termini di marginalità per prodotto, area, venditore;
- valutare le vendite sia in termini di valore che in termini di volumi;
- valutare l'importanza di un cliente specifico sul totale clientela in termini di fatturato/volumi;
- valutare le vendite per canale distributivo;
- tenere sotto controllo l'andamento delle vendite su clienti a premio;
- impostare un'attività di *customer marketing* sulla clientela;
- valutare l'incidenza delle spese commerciali sul volume di vendita;
- valutare l'importanza della categoria merceologica sul totale offerta dell'azienda in termini di fatturato/volumi;
- confrontare la raccolta ordini rispetto al fatturato, per stimare il livello di efficienza aziendale;
- valutare la stagionalità delle vendite, per programmare la produzione;
- valutare la stagionalità delle vendite, per programmare le azioni commerciali più opportune;
- valutare l'effetto sulle vendite di campagne promozionali,

pubblicitarie o di *direct marketing*;
- valutare la quota di mercato aziendale per linea di prodotto;
- valutare le vendite rispetto al potenziale del cliente;
- individuare il parco trattanti per singola categoria di prodotto.

Come già detto, il reparto commerciale produce vendite, quindi ogni valutazione delle sue prestazioni va fatta sugli ordini e non sul fatturato. Questo dipende dalle vendite, ma è condizionato fortemente dall'organizzazione aziendale in termini di produzione e approvvigionamento. La differenza tra ordinato e fatturato è uno dei segnali dell'efficienza aziendale. Più è grande la differenza, meno l'azienda è efficiente, più si allungano i tempi di consegna, più il cliente è scontento e si hanno problemi di riordino e di congestione dell'ufficio vendite per reclami.

Il Responsabile commerciale, quindi, non ha solo il compito di leggere i dati a posteriori, ma di definire con la Direzione aziendale il programma di produzione o di approvvigionamento prodotto, in modo da gestire commercialmente nel modo migliore i tempi di consegna. Infatti oggi una delle capacità principali, su cui il cliente valuta l'azienda fornitrice, è il livello di servizio.

Fa molta differenza per il cliente, a parità di prezzo e prodotto, il livello di servizio offerto dalle varie aziende, in molti casi gli acquirenti sono disponibili a pagare un po' di più il prodotto da una certa azienda perché danno molto valore al servizio. Migliorare il servizio significa ridurre la pressione sul prezzo ed è uno dei fattori critici della fidelizzazione del cliente.

La lettura dei dati di vendita, quindi, va al di là della semplice valutazione rispetto al budget e ha un valore gestionale di grande impatto. La fonte dei dati aziendali è il software gestionale, ad esempio il programma di fatturazione. Se dotato di uno specifico applicativo (tipo *QlikView*), la costruzione delle statistiche sarà agevolata in quanto il sistema consente molto opzioni: tabelle, grafici a istogramma, grafici a torta, linee di tendenza, medie statistiche, medie ponderate, ordinate per anni, zone, prodotto, venditore, canale distributivo ecc. Se il sistema non è dotato di questo applicativo, in ogni caso il responsabile deve organizzarsi per ottenere queste statistiche, ad esempio costruendole con programmi tipo Excel (è un sistema più laborioso ma necessario).

SEGRETO n. 16: le statistiche sono il principale strumento

metodologico a disposizione del Responsabile commerciale per gestire efficacemente l'organizzazione delle vendite, focalizzandola sui risultati.

Esempio 5: Tecnolabo, azienda che produce apparecchiature medicali, vende in Italia, Germania, Francia e Spagna.

Struttura di vendita: un Responsabile commerciale in Italia ha otto agenti plurimandatari e un capoarea, in Germania ha un importatore in esclusiva, in Francia due agenti monomandatari, in Spagna un importatore non in esclusiva. La clientela in Italia è costituita da concessionari di zona.

L'azienda ha quattro categorie principali di prodotti: 1, 2, 3, N. L'obiettivo aziendale è accrescere la redditività dell'8 per cento, in funzione di ciò è definito un piano commerciale che fissa il budget di vendita 2011 a più 12 per cento a valore sul 2010: 8.780.000 euro.

In base alle serie storiche, agli obiettivi aziendali, alle dinamiche di mercato, si identifica il budget vendite 2011 secondo la seguente tabella riassuntiva.

Tecnolabo Budget 2011			
categoria	**budget volumi pz.**	**prezzo medio €**	**budget valore €**
prodotti 1	700	€ 1.250	€ 875.000
prodotto 2	3500	€ 650	€ 2.275.000
prodotto 3	950	€ 2.500	€ 2.375.000
prodotto N	930	€ 3.500	€ 3.255.000
totale	6080	€ 1.445	€ 8.780.000

Fig. 3 – Esempio di programmazione budget

Dal budget di vendita totale annuo, in base alla stagionalità e alle serie storiche, vengono calcolati:

- il budget mensile a volumi;
- il budget mensile a valore.

Questi dati sono importanti in azienda per la pianificazione produttiva finanziaria e commerciale.

Categoria	Prodotto 1	Prodotto 2	Prodotto 3	Prodotto N	Totale
Gen.	35	250	86	64	435
Feb.	57	380	89	72	598
Mar.	59	489	94	83	725
Apr.	78	345	97	91	611
Mag.	89	468	89	84	730
Giu.	97	234	75	78	484
Lug.	56	467	78	72	673
Ago.	64	160	94	91	409
Sett.	53	168	68	74	363
Ott.	45	182	59	89	375
Nov.	44	168	57	60	329
Dic.	23	189	64	72	348
Tot	700	3500	950	930	6080

Fig. 4 – Budget mensile vendite 2011 azienda Tecnolabo, pezzi

Categoria	Prodotto 1	Prodotto 2	Prodotto 3	Prodotto N	Totale
Gen.	43.75	162.5	215.0	224	645.25
Feb.	71.25	247	222.5	252	792.75
Mar.	73.75	317.85	235	290.5	917.1
Apr.	97.5	224.25	242.5	318.5	882.75
Mag.	111.25	304.2	222.5	294	931.95
Giu.	121.25	152.1	187.5	273	733.85
Lug.	70	303.5	195	252	820.5
Ago.	80	104	235	318.5	737.5
Sett.	66.25	109.2	170	259	604.45
Ott.	56.25	118.3	147.5	311.5	633.8
Nov.	55	109.2	142.5	210	516.7
Dic.	28.75	122.85	160	252	563.6
Tot	875	227.5	237.5	325.5	878

Fig. 5 – Budget mensile vendite 2011 azienda Tecnolabo a valore € x 1000

Le tabelle esposte sono distribuite ai vari responsabili aziendali per le specifiche programmazioni.

SEGRETO n. 17: le statistiche devono essere prodotte pensando a chi le utilizzerà. Alla Direzione aziendale servono dati sintetici, per la gestione operativa sono necessarie statistiche dettagliate.

Obiettivo principale del Responsabile commerciale è il raggiungimento degli obiettivi di vendita stabiliti con la Direzione aziendale. Nel caso Tecnolabo, abbiamo visto dalla presentazione che l'azienda opera in più mercati. La corretta logica operativa di gestione commerciale considera che il volume di vendite totale è determinato dalla somma delle vendite di ogni area, da cui il budget totale aziendale va suddiviso in stanziamenti parziali a valore e a pezzi per paese e venditore.

Questi budget parziali vanno discussi e concordati con i singoli responsabili di zona all'inizio dell'anno; più si riesce a coinvolgerli, più è probabile che venga raggiunto l'obiettivo di vendita generale aziendale.

La ripartizione del budget vendite annuale, unita alla previsione di medio periodo (tre/cinque anni) determinerà anche la suddivisione conseguente delle spese commerciali e degli investimenti di marketing.

Categoria	**Italia**	**Germania**	**Francia**	**Spagna**	**Totale €**
Prodotto 1	525.000	131.250	148.750	70.000	875.000
Prodotto 2	1.365.000	341.250	386.750	182.000	2.275.000
Prodotto 3	1.425.000	356.250	403.750	190.000	2.375.000
Prodotto N	1.953.000	488.250	553.350	260.400	3.255.000
Totale	5.268.000	1.317.000	1.492.600	702.400	8.780.000

Fig. 6 – Budget vendite 2011 per paese, azienda Tecnolabo a valore €

Una volta definiti i budget per paese, si andranno quindi a concordare quelli annuali di vendita per ogni singolo agente o distributore, nel caso dei mercati esteri. Questa ripartizione è necessaria per stabilire gli obiettivi commerciali mensili e gli incentivi per i singoli venditori. Una volta identificata la meta annuale degli agenti, è necessario poter controllare l'andamento delle vendite in confronto al budget.

In base alle serie storiche e alle iniziative commerciali contenute nel piano, si identificano gli obiettivi mensili utilizzando la scheda obiettivo qui proposta. Il suo aggiornamento mensile permetterà un immediato confronto tra l'andamento delle vendite rispetto alle previsioni.

La scheda obiettivo è uno strumento di controllo dei ricavi semplice ma esaustivo e dinamico, che permette sia al Responsabile commerciale che al venditore una costante focalizzazione sui risultati in progresso.

Analizziamo nel dettaglio come deve essere la scheda obiettivo e quali informazioni contiene:

- budget mensile per linea di prodotto e totale zona per tutto il 2011;
- vendite mensili per linea di prodotto e totale zona fino a marzo 2011;
- confronto vendite/budget progressivo per linea di prodotto e totale zona fino a marzo 2011.

Si noti che:

1. le vendite del prodotto 1 sono sotto budget nel trimestre;
2. le vendite del prodotto 3 si sono recuperate a marzo;
3. l'agente nel complesso sta realizzando un volume di vendite per tutta la zona in linea con il budget stabilito, ma ha difficoltà sul prodotto 1.

Con questi dati il Responsabile commerciale potrà cercare di capire i motivi per cui il prodotto 1 sta realizzando volumi di vendita al di sotto delle aspettative e intervenire, se è il caso, con specifiche azioni commerciali.

SEGRETO n. 18: le buone statistiche sono prodotte secondo due criteri di base: utilità pratica e possibilità di svolgere controlli incrociati.

Canvas di vendita

Un'ulteriore sofisticazione della gestione commerciale è rappresentata dalla suddivisione dell'anno commerciale in sottoperiodi di vendita: canvas.

I canvas possono essere bimestrali, trimestrali, quadrimestrali, semestrali. In questo caso la scheda obiettivo va leggermente modificata. La suddivisione dell'anno commerciale in canvas è utile dove sia necessario presidiare con assiduità la clientela, dove sia necessario suddividere l'anno in periodi di vendita distinti (ad esempio prestagionale e stagionale), dove il piano commerciale preveda un intenso e preciso calendario di attività commerciali.

È fondamentale, per l'efficace gestione dei canvas di vendita, che:

- vengano fissati dei sotto obiettivi di canvas specifici;
- sia fissato un sistema di incentivi per la forza vendita che li tenga in considerazione;
- alla fine del canvas vengano fatte delle riunioni commerciali con i singoli venditori per l'analisi dei risultati ottenuti e la comunicazione degli obiettivi successivi;
- siano programmate delle azioni commerciali specifiche per ogni canvas.

È un sistema per tenere continuamente sotto pressione la forza vendita, puntando a risultati molto ravvicinati.

La scheda obiettivo è uno strumento versatile che può essere utilizzato per il controllo vendite in molte situazioni:

- singoli venditori;
- capiarea;
- singoli clienti;
- aree di vendita;
- canale distributivo;
- nazione.

Valutazione qualitativa della clientela

Un altro importante strumento operativo di valutazione per il Responsabile commerciale è l'analisi distributiva, cioè l'analisi della clientela, sia in termini quantitativi che qualitativi.

Per analisi quantitativa si intende la valutazione dei volumi di ordini in euro o di pezzi per ogni singolo cliente. Per analisi qualitativa si intende la valutazione della composizione dell'ordinato, in termini di numero di referenze o profondità di gamma per ogni singolo acquirente.

Questo approccio è necessario per una corretta gestione del

cliente. C'è una grande differenza, in termini relazionali commerciali, tra chi compra molti pezzi di un singolo articolo e chi lo stesso numero totale di pezzi, ma di più referenze. Il secondo cliente presumibilmente è più fidelizzato del primo e molto probabilmente è più redditizio per l'azienda.

La prima statistica quantitativa è la cosiddetta analisi ABC, che permette una prima valutazione della clientela in termini numerici. L'informazione su quali sono i compratori più importanti per l'azienda in termini di fatturato è necessaria per tutti i reparti che in azienda sono in contatto con loro.

Nel caso della Tecnolabo, una cosa è per il personale interno identificare il cliente Laboservice come codifica, un'altra è essere consci che è il cliente principale dell'azienda in termini di volumi. Questo tipo di tabella potrebbe darci molte informazioni, ad esempio:

- l'azienda in Italia ha ottocentocinquanta clienti attivi, da calcolare sul totale del parco potenziale;
- il primo cliente rappresenta il 2,65 per cento a valore e il 4,05 per cento a volumi;

- il primo cliente ha un prezzo medio di acquisto più basso della media italiana, quindi comprerà prevalentemente articoli economici;
- il terzo cliente ha una prezzo medio di acquisto molto alto, quindi compra un mix di prodotti ad alto valore;
- l'ultimo cliente è assolutamente marginale sia a valore che a pezzi.

Dal punto di vista commerciale uno scenario del genere va analizzato nel dettaglio. Alla Laboservice vendiamo solo articoli economici, come mai? È il mercato o il tipo di cliente o l'agente ad avere carenze tecniche e non spingere sui prodotti più tecnologici? A Bianchi Luigi vendiamo solo articoli cari, come mai? Abbiamo una concorrenza sul prezzo basso, non abbiamo il cliente giusto per fare volumi ecc. A Verdi Antonio vendiamo pochissimo, come mai? Qual è il potenziale del cliente? Abbiamo altre alternative di maggior potenziale in zona?

Come si può notare, l'analisi della statistica ABC per cliente ci dà degli importanti spunti operativi, ad esempio: possiamo incrementare le vendite del prodotto caro su Laboservice? Come?

Dobbiamo trovare un altro distributore su Milano per gli articoli di alta gamma? E così via.

Un'altra importante statistica di tipo qualitativo è la valutazione dell'assortimento trattato dai clienti

cliente	Prod.. 1	Prod. 2	Prod. 3	Prod. N	Totale
Laboservice	6	120	6	0	132
Rossi Giovanni	30	5	10	15	60
Bianchi Luigi	0	0	7	15	22
Verdi Antonio		1			1
totale	36	126	23	30	215

Fig. 7 – Vendite Italia 2010 per cliente/linea prodotto

Anche questo tipo di statistica ci fornisce delle informazioni importanti in termini di qualità del cliente. Possiamo svolgerle a qualsiasi livello: totale azienda, paese, zona ecc.

Ma quante statistiche fare? Non c'è una regola precisa, ma l'esperienza pratica ci suggerisce che occorre realizzarne quante ne servono, sembra una banalità ma non lo è, cioè prima di prendere delle decisioni o definire delle azioni commerciali è d'obbligo stabilire gli obiettivi da raggiungere sia in termini quantitativi che qualitativi, e per farlo c'è la necessità di partire da una situazione esistente identificata numericamente. Le statistiche, cioè, non sono fini a se stesse, ma strumento di analisi per prendere decisioni.

Un buon Responsabile commerciale gestisce il suo tempo e quello dell'organizzazione, concentrato sul concetto di valore prodotto. La gestione efficace del tempo e dei numeri richiede l'utilizzo di strumenti metodologici.

La pianificazione operativa e l'impostazione del cruscotto direzionale sono le attività più importanti ma spesso più trascurate dal Responsabile commerciale perché non molto creative: richiedono disciplina, metodologia e sforzo nell'utilizzo quotidiano. Sono il fulcro dell'attività manageriale.

Occorre rendersi conto che un'organizzazione poco gestita non produce grandi risultati.

RIEPILOGO DEL CAPITOLO 4:

- SEGRETO n. 14: un manager commerciale per svolgere efficacemente il suo ruolo deve sviluppare competenza organizzativa.
- SEGRETO n. 15: la competenza organizzativa si basa sulla capacità di gestire, in termini di *valore prodotto*, il tempo a disposizione dei singoli e dell'organizzazione al fine di aumentare la produttività.
- SEGRETO n. 16: le statistiche sono il principale strumento metodologico a disposizione del Responsabile commerciale per gestire efficacemente l'organizzazione delle vendite, focalizzandola sui risultati.
- SEGRETO n. 17: le statistiche devono essere prodotte pensando a chi le utilizzerà. Alla Direzione aziendale servono dati sintetici, per la gestione operativa sono necessarie statistiche dettagliate.
- SEGRETO n. 18: le buone statistiche sono prodotte secondo due criteri di base: utilità pratica e possibilità di svolgere controlli incrociati.

CAPITOLO 5:
Come si gestisce la trattativa *win-win*

L'attività di trattativa è una costante nel lavoro del responsabile commerciale. Sia che si tratti di negoziare con i clienti per chiudere un ordine, o con i venditori per concordare un budget, o con la Direzione aziendale per farsi approvare un investimento di marketing, siamo sempre in presenza di una situazione di trattativa.

Conoscere quindi gli elementi di base della mediazione efficace fa parte delle competenze primarie per un Responsabile commerciale, si potrebbe dire che, più si è capaci di "trattare", più vi sono crescita e successo professionali.

Prima di tutto occorre ricordarsi sempre che, quando si ha a che fare con il pubblico, chi abbiamo di fronte non è mosso dalla logica ma dalle emozioni, e che la trattativa è un'attività in cui si confrontano interessi contrapposti: il cliente pretenzioso vuole comprare a condizioni impossibili, il venditore più difficile non vuole vincoli di budget, la Direzione più attenta ai costi vuole risultati senza investire.

La trattativa quindi, è una situazione relazionale dove "il conflitto", cioè il confronto tra posizioni ed emozioni differenti, è potenzialmente sempre presente. Se questo è un dato di fatto, allora si può già stabilire che una prima caratteristica del negoziatore efficace è l'avere un atteggiamento positivo nei confronti delle opposizioni.

Cosa significa? Significa essere consapevoli che, per arrivare a un accordo di reciproca soddisfazione, occorre lavorare per avvicinare posizioni negoziali in partenza inconciliabili, senza spaventarsi per le differenze iniziali, perché siamo fortemente focalizzati sul risultato positivo che potrebbe derivare dalla trattativa: non si tratta per rompere ma per costruire.

Se questa è la premessa, è necessario definire fin dal principio che la trattativa che andremo a descrivere nel dettaglio è quella *win-win*, la trattativa "vincere-vincere", in cui tutte parti in gioco sono soddisfatte della transazione.

La precisazione è importante perché l'atteggiamento del "vincere-perdere" o "perdere-vincere", al contrario, non è costruttivo: in ogni caso, la parte perdente nutre nei confronti del vincente un sentimento di risentimento in quanto si sente privata di qualcosa, questo risentimento cova nell'animo del perdente, che non vedrà l'ora di ottenere una rivalsa non appena gli sarà possibile. È il caso di un collaboratore che è costretto a svolgere una mansione che non condivide e, per rivalsa, lo fa male, con scarso impegno e poca motivazione e quindi con risultati scadenti.

SEGRETO n. 19: quando si tratta con qualcuno, occorre ricordarsi sempre che chi abbiamo di fronte non è mosso dalla logica, ma dalle emozioni.

Prima di entrare nel dettaglio della trattativa *win-win*, andiamo a descrivere brevemente gli altri due tipi di approccio possibile.

Stile di trattativa 1: "io vinco tu perdi"

Caratteristiche:

- le parti sono avversarie;
- lo scopo è vincere;
- l'atteggiamento prevalente è trincerarsi dietro la propria posizione;
- l'approccio è non fidarsi degli altri;
- l'argomentazione di supporto è la minaccia alla controparte;
- si accetta dalla controparte una sola risposta, quella che si vuole ottenere;
- si fa pressione psicologica alla controparte perché accetti la nostra posizione.

Tutti noi abbiamo subìto (o siamo stati coinvolti) nel lavoro o nella vita privata trattative di questo tipo. Su cosa si basa la trattativa "io vinco tu perdi"? Sui rapporti di forza tra le parti, in cui una sopravanza l'altra (il titolare che minaccia il licenziamento, il cliente che minaccia la chiusura del rapporto, il manager che minaccia un collaboratore dell'esclusione dal percorso di carriera ecc.). In mancanza di norme etiche, regole o accordi generali è la legge del più forte.

È uno stile di trattativa che non esprime rispetto per l'altra persona, dove non siamo per niente interessati ai suoi bisogni, ma assolutamente concentrati sulle nostre necessità.

Questo stile di approccio si regge sulla paura, è lo stile di comportamento del "capo". È logico pensare che, se al tavolo della trattativa siedono due persone con questo atteggiamento, sia molto difficile addivenire a un accordo di reciproca soddisfazione.

È uno stile antico che, se poteva reggere fino a qualche anno fa, quando la società era in generale più piramidale (l'epoca dei padroni) oggi, dove la società è molto più aperta e democratica, è decisamente superato. Attualmente nel mondo del business vale il concetto di team. Il team è composto per definizione da persone convinte e motivate, un manager con un approccio "io vinco tu perdi" non riuscirà mai a costruire un gruppo vincente, ma solo a gestire degli impauriti *yes man*. Questo vale anche per i clienti: un approccio negoziale di questo tipo da parte del cliente, in un mondo dove la relazione crea l'affare, è assolutamente fuori luogo e contrario agli interessi, dimostra paura e incapacità di affrontare le relazioni in modo costruttivo.

SEGRETO n. 20: lo stile di trattativa "io vinco tu perdi" non è il più adatto in un mondo dove prevale il concetto di team.

Stile di trattativa 2: "io perdo tu vinci"

Caratteristiche della trattativa:

- le parti sono amiche;
- lo scopo è accordarsi;
- l'atteggiamento prevalente è fare concessioni per coltivare il rapporto;
- si tende a essere morbidi con le persone e con il problema;
- l'approccio è fidarsi dell'altro;
- la tendenza è fare offerte alla controparte;
- si cerca di evitare la prova di forza;
- si cede alla pressione della controparte;
- si accettano del perdite unilaterali.

Anche questa trattativa si basa su rapporti di forza, ma, al contrario della precedente, è svolta a un livello energetico basso. È un approccio timoroso e incerto, che può creare disorientamento alla controparte.

Anche in questo caso non c'è rispetto tra i due o, perlomeno, chi si mette nella posizione di perdente non si rispetta (o non ha sufficiente convinzione) e si mette per primo in una posizione di debolezza: è il titolare che ha paura di dire a un dipendente che sta lavorando male, è il cliente che ha timore di dire al venditore che le condizioni di fornitura non vanno bene, è il manager commerciale che non vuole affrontare con il titolare la discussione su un investimento di marketing necessario.

Se al tavolo della trattativa mi siedo con tale approccio mentre la controparte ne ha uno "io vinco tu perdi", è scontato che alla fine ci rimetterò grandemente.

Entrambi gli stili di trattativa che sono stati proposti si possono definire: "di posizione", perché una delle due parti, o entrambe, si fissano su posizioni dichiarate e difficilmente si smuovono. Ma questo approccio rende il negoziato poco efficace perché produce accordi di livello complessivo basso (una delle due ci rimette sempre), poco efficiente perché la trattativa può durare moltissimo e rompersi in ogni momento, poco costruttiva sul futuro della relazione perché le parti rimangono distanti.

SEGRETO n. 21: le trattative di posizione non permettono lo sviluppo di un rapporto di reciproco rispetto, ma generano nel perdente, sentimenti di ostilità e nel vincente sentimenti di scarsa considerazione per la controparte.

Stile di trattativa 3: "io vinco tu vinci" (*win-win*)

La trattativa *win-win* è basata sul presupposto che entrambe le parti devono essere soddisfatte dagli accordi presi, non c'è un vincitore, ma lo sono entrambi.

Esempio 6: nella discussione sul budget tra un Responsabile commerciale e il venditore, l'obiettivo del primo non è quello di costringere il venditore a impegnarsi in un budget non condiviso, ma persuadere il venditore a impegnarsi al raggiungimento dello stesso con argomenti motivanti per il venditore stesso. Le parti sono persone che risolvono un problema, non avversari che mirano a distruggersi a vicenda: si distingue la persona dalla difficoltà.

Esempio 7: nella discussione tra un Responsabile commerciale e la Direzione aziendale per la definizione di un investimento di marketing, il primo obiettivo del Responsabile è coinvolgere la Direzione nel problema con un approccio costruttivo, senza partire dal preconcetto che la proposta debba essere approvata senza obiezioni, salvo poi, in caso di rifiuto, accusare i vertici di ottusità e scarso riconoscimento di professionalità. Per svolgere una trattativa *win-win* è necessario provare interesse sincero per i bisogni della controparte.

Esempio 8: se sono in trattativa di vendita con un cliente e non sono minimamente interessato a capire la motivazione che sta alla base di alcune sue richieste non previste e le ignoro, o peggio le rifiuto decisamente, e continuo a persistere sulle mie argomentazioni, sarà difficile poter chiudere positivamente la vendita.

La trattativa *win-win* non si basa sulla fiducia reciproca, ma sulla capacità di produrre un accordo costruttivo per entrambe le parti.

Esempio 9: se sono in trattativa con un cliente nuovo che non mi conosce e che non conosce l'azienda e, quindi, dove mancano i presupposti della fiducia, il mio approccio negoziale deve essere costruttivo e tendere a una soluzione positiva a prescindere dalla scarsa conoscenza reciproca.

La trattativa *win-win* prevede flessibilità nell'approccio, per generare una serie di opzioni possibili.

Esempio 10: se sono in trattativa con un cliente nuovo e al momento della chiusura il cliente rifiuta la mia richiesta di pagamento alla consegna, anche se questa è volontà precisa dell'azienda, ho due alternative: rinunciare all'ordine o offrire al cliente una contropartita alla mia richiesta offrendo una serie di opzioni: sconto primo ordine, prezzo fissato per un certo periodo ecc.

Lo stile è collaborativo e non antagonista.

Esempio 11: se devo definire con il mio team la pianificazione di un'iniziativa promozionale straordinaria nel primo semestre, non imporrò il mio calendario ignorando la situazione gestionale in essere, ma cercherò di trovare un compromesso possibile che concili lo svolgimento delle attività di routine e la necessità di dedicare del tempo al nuovo incarico.

Le caratteristiche di base di un buon negoziatore *win-win*

Sensibilità ai bisogni degli altri. Non basta solo essere a conoscenza dei bisogni della controparte, per essere un bravo negoziatore occorre sapersi calare nei panni altrui. Questa caratteristica è la più importante ma anche la più difficile da attuare. Ognuno di noi vede il mondo dal proprio punto di vista, la nostra verità è la verità assoluta. Per potersi immedesimare in un altro occorre avere la capacità di superare i nostri filtri, le nostre convinzioni assolute e "sentire" il problema come lui lo sente.

Come accennato nell'esordio, la trattativa è fondamentalmente un confronto di emozioni tra le controparti. Esistono emozioni che facilitano l'accordo (sicurezza, soddisfazione, motivazione ecc.) e altre che lo impediscono (paura, insoddisfazione, incertezza ecc.). Un bravo negoziatore è in grado di percepire e gestire queste emozioni in se stesso e negli altri. Nota bene che comprendere il punto di vista della controparte non significa condividerlo, bensì avere la possibilità di gestire la trattativa in modo più creativo.

Alto livello di sopportazione del conflitto. La trattativa, come situazione di confronto relazionale tra interessi contrapposti, potenzialmente può generare ostilità fra le parti. Nelle situazioni conflittuali, le emozioni entrano in modo preponderante a turbare la trattativa, quelle non gestite possono determinare reazioni inaspettate a una o entrambe le parti in causa. La situazione relazionale può diventare spiacevole e la trattativa trasformarsi in uno scontro tra avversari che non si ascoltano. A un certo punto, se non si gestisce la situazione, la mediazione si può interrompere malamente e sarà molto difficile riprenderla senza un forte interesse di entrambi gli attori, le parole dette in stato di alterazione pesano molto. La capacità di reggere bene le emozioni di ritorno dalla controparte, non dimostrando insensibilità ma capendo il segnale che c'è dietro lo sfogo emotivo, è una competenza di fondo del bravo negoziatore. Occorre saper guardare oltre il difficile momento negoziale e concentrarsi sul positivo risultato finale.

Capacità di analizzare a fondo gli argomenti. Nella trattativa ognuna delle parti in causa porta degli argomenti a sostegno della propria posizione. Analizzando a fondo gli argomenti della controparte con volontà di capire e senza pregiudizi, si è in grado di scoprire dei fatti che possono contribuire al buon esito dell'incontro o essere utili per trovare delle nuove soluzioni negoziali di reciproca soddisfazione.

Avere pazienza. Quasi sempre le cose scontate per noi non lo sono per chi ci sta di fronte. Se non abbiamo la pazienza di spiegare o di aspettare fino a quando l'altro non ha capito bene "il problema" e le nostre argomentazioni, l'accordo non va avanti, nessuno si fida di ciò che non ha capito e razionalizzato.

Alto livello di tolleranza alla tensione. La trattativa è un'attività che tende a determinare tensione. Essa crea delle aspettative, dei meccanismi mentali di focalizzazione sul problema, si enfatizzano le caratteristiche della controparte che ci hanno colpito: si inizia a giudicare, ci si comincia a fare delle domande sul come andrà e, contemporaneamente, la mente crea scenari che possono essere positivi o negativi. Se l'immagine che ci costruiamo mentalmente è positiva, non ci saranno problemi perché sappiamo che le cose andranno bene, ma se è negativa è un altro paio di maniche: diventeremo ansiosi e preoccupati dell'esito, entrerà in gioco la paura della conclusione negativa e questo ci metterà in uno stato mentale poco costruttivo, anticipando nella nostra mente l'esito negativo. Questo può bloccarci oppure farci comportare in maniera scomposta, portandoci a fare concessioni senza motivo o a essere scostanti, perché sale l'emotività e diminuisce la lucidità.

Essere un buon ascoltatore. La capacità di ascolto è in assoluto una delle caratteristiche principali di un buon negoziatore. Quando parliamo di ascolto, intendiamo ascolto attivo, fatto cioè per capire, non per rispondere o replicare. L'argomento sarà esposto successivamente in questo capitolo.

Essere poco sensibile agli attacchi personali. Potrebbe capitare che durante la trattativa la controparte entri in uno stato di alterazione emotiva e ci attacchi personalmente con accuse più o meno velate, per difendere la sua posizione o per imporre la propria soluzione, non con argomentazioni logiche ma con un'intensa pressione psicologica. In questo caso dobbiamo essere consapevoli che sotto l'effetto di emozioni molto forti si dicono e si fanno cose non razionali. È giusto capire cosa prova la controparte, mostrare empatia, ma non abbiamo nessuna convenienza nella trattativa a farci trascinare in una situazione emotiva fuori controllo, che blocca qualsiasi scambio relazionale.

Avere la capacità di identificare rapidamente i problemi di fondo. È la capacità di andare al punto rapidamente, di capire gli ostacoli e di affrontarli con prontezza. Presuppone una grande competenza tecnica sulla materia in discussione. Ad esempio: non posso pensare di affrontare con successo una trattativa per ottenere un budget extra con la Direzione senza presentare, contestualmente, un conto economico del risultato che voglio ottenere (costi e benefici) che trasformi la spesa in un vantaggio. La Direzione è interessata alla positività del conto economico, non allo sviluppo assoluto delle vendite. Così come non posso chiedere a un agente riluttante di visitare clienti marginali senza considerare il problema delle spese in più che egli deve affrontare. Si potrebbe obiettare che sono affari suoi, ma non è corretto, perché se per lui quegli extra sono un ostacolo, lo sono anche per noi, in quanto quei clienti non verranno visitati e diventeranno sempre più marginali. Se, invece, capiamo il problema, possiamo anche individuare una soluzione compatibile con la situazione: provvigione extra, premio ecc.

Atteggiamento nella trattativa

Il nostro stato d'animo condiziona la percezione della realtà e quindi le nostre decisioni e il comportamento che assumiamo in trattativa. Per cambiare la nostra realtà, modifichiamo lo stato d'animo utilizzando la nostra intelligenza emotiva.

È risaputo a tutti quelli che fanno un lavoro commerciale che iniziare una trattativa con atteggiamento negativo è come pregiudicare in partenza l'esito della trattativa medesima. La controparte tenderà a rispecchiare il nostro atteggiamento. Se siamo scostanti l'altro diventerà scostante, se siamo aggressivi, c'è molta probabilità che anche l'altro diventi aggressivo e così via.

Ma se questo è un fatto riconosciuto, d'altra parte non possiamo permetterci di operare solo quando siamo nella migliore disposizione d'animo, e allora diventa indispensabile sapere come metterci nel miglior stato per affrontare la trattativa.

Innanzitutto dobbiamo sapere che il nostro umore non dipende dal tempo meteorologico, ma è determinato dalle emozioni che stiamo vivendo in quel momento legate, per esempio, a come immaginiamo l'incontro che andiamo ad affrontare. Se, come in questo caso, lo anticipiamo in termini negativi vedendo la controparte che reagisce male e la crescente difficoltà a portare avanti le nostre argomentazioni, anticipiamo la frustrazione del fallimento. Ma perché succede questo? Perché carichiamo l'incontro di aspettative. Abbiamo delle forti necessità e una grande esigenza di poter ottenere i risultati che vogliamo, siamo troppo concentrati su noi stessi e vediamo l'altro come il problema.

Se la negatività dipende dall'inconsapevole anticipazione del futuro nella nostra mente, il sistema per portarsi in una condizione più produttiva è prendere il controllo dei nostri pensieri e costruire mentalmente una raffigurazione di tenore completamente differente.

SEGRETO n. 22: la trattativa è un'attività costante nelle relazioni umane, acquisire la capacità di gestirla in termini positivi ci facilita in tutte le aree di azione.

La trattativa, o negoziazione, coinvolge il Responsabile commerciale non solo nel rapporto con i clienti ma in tutta la sua attività. Per sviluppare rapporti costruttivi nel tempo, lo stile di negoziazione deve necessariamente rispettare tutti i soggetti coinvolti. Per essere bravi occorre sviluppare sensibilità psicologica e saper interpretare correttamente gli stati emotivi propri e della controparte.

RIEPILOGO DEL CAPITOLO 5:

- SEGRETO n. 19: quando si tratta con qualcuno, occorre ricordarsi sempre che chi abbiamo di fronte non è mosso dalla logica, ma dalle emozioni.
- SEGRETO n. 20: lo stile di trattativa "io vinco tu perdi" non è il più adatto in un mondo dove prevale il concetto di team.
- SEGRETO n. 21: le trattative di posizione non permettono lo sviluppo di un rapporto di reciproco rispetto, ma generano nel perdente, sentimenti di ostilità e nel vincente sentimenti di scarsa considerazione per la controparte.
- SEGRETO n. 22: la trattativa è un'attività costante nelle relazioni umane, acquisire la capacità di gestirla in termini positivi ci facilita in tutte le aree di azione.

CAPITOLO 6:
Come comunicare efficacemente

Parlare è semplice, comunicare in modo efficace è difficile. Sempre più, nell'era delle massimizzazioni delle performance risulta necessario saper comunicare efficacemente con i propri colleghi, capi, clienti e gestire il proprio dialogo interno. Mediamente circa l'80 per cento delle ore giornaliere è dedicato a qualche forma di comunicazione. Quasi il 90 per cento dei successi ottenuti nell'ambiente lavorativo dipende da una buona capacità comunicativa, mentre si stima che il 70 per cento degli errori commessi in azienda derivi dall'incapacità comunicativa.

La comunicazione è soprattutto un trasferimento di emozioni. Il "cosa si dice", cioè il contenuto razionale del messaggio è importante ma rappresenta effettivamente solo il 7 per cento della comunicazione rispetto al "come si dice". La capacità di emozionare è la virtù principale dei grandi comunicatori, dei grandi leader. La comunicazione efficace utilizza un linguaggio che si rivolge contemporaneamente al cuore e alla mente degli interlocutori, perché le emozioni governano il comportamento di noi tutti. I comunicatori più brillanti utilizzano il linguaggio in modi che creano un clima di fiducia e comprensione.

SEGRETO n. 23: nella comunicazione l'aspetto più importante è il contenuto emozionale.

La comunicazione è il processo in cui un messaggio parte da una fonte emittente e arriva a una fonte ricevente che lo decodifica per poi dare un feedback. Se questo è vero, un aspetto determinante del processo è l'utilizzo di un linguaggio appropriato al contesto. Ciò che fa la differenza nella capacità comunicativa è il saper adattare il proprio linguaggio a quello della persona a cui ci si rivolge. Possiamo scegliere di lasciare freddi e disinteressati o al contrario scaldare i cuori e stimolare le menti. Più ricco è il nostro modo d'esprimerci più ricca sarà l'esperienza interna nostra e di coloro a cui ci rivolgiamo.

Ostacoli alla comunicazione

I principali ostacoli alla comunicazione efficace derivano da:

- essere concentrati troppo su se stessi nel dialogo e prestare poca attenzione all'altra persona;
- ascoltare selettivamente, di quello che dice l'altro, solo ciò che vogliamo sentire, escludendo le cose che non ci interessano;
- usare un linguaggio incomprensibile o che possa essere travisato;
- la presenza di stati emotivi alteranti: rabbia, paura, frustrazione, disagio, panico, stress ecc.

L'ascolto come chiave del successo comunicativo

Se si vuole davvero essere efficaci nell'abitudine della comunicazione interpersonale, non si può farlo solo con la tecnica. Bisogna sviluppare la capacità di ascolto empatico, su una base caratteriale che ispiri apertura e fiducia. L'ascolto empatico:

- ci consente di imparare molte cose sull'altra persona;
- ci aiuta a risolvere i problemi perché capiamo di più il contesto;
- aumenta la nostra sicurezza perché sappiamo gestire la situazione;
- ci aiuta a vendere le nostre idee perché abbiamo prestato

attenzione ai bisogni dell’altro;

- ci fa venire le idee perché suscita emozioni e immagini mentali.

Nella maggior parte dei casi le persone non ascoltano con l’intenzione di capire, ma con quella di rispondere. Nell’ascolto empatico la situazione è ribaltata, si usano le orecchie ma anche gli occhi e il cuore. Le parole sono il mezzo con cui vengono espressi concetti, immagini mentali, emozioni ma, come vedremo più avanti in questo capitolo, la parte verbale è minima nella comunicazione interpersonale.

Capacità di ascolto

In riferimento alla capacità di ascolto si possono, in linea di massima, manifestare due tipi di comportamento:

- persona rivolta all’interno;
- persona rivolta all’esterno.

È un tipo di classificazione molto generica ma utile per fissare alcuni schemi di comportamento tipici.

La *persona rivolta all'interno* è attenta ma si concentra perlopiù sui propri pensieri, è intenta a valutare e giudicare quello che dice l'interlocutore. Si preoccupa di quanto è appena accaduto, di quello che è stato detto o di quello che succederà di lì a poco. Lo sguardo potrebbe essere fisso, come se guardasse in lontananza, o vagare senza sosta. La postura è in genere fissa o poco mobile. Il suo linguaggio sarà pieno di "io" e "me", formula frasi affermative e spesso esprime le proprie opinioni come se fossero dei fatti.

La *persona rivolta all'esterno* si trova in uno stato di curiosità. La sua attenzione è completamente presa dall'altra persona, la guarda intensamente e distoglie lo sguardo di tanto in tanto per elaborare le informazioni ricevute. Rispecchia la postura dell'altro. Il linguaggio è incentrato sul "tu", utilizza parole chiave e modelli linguistici, che rispecchiano prevalentemente quelli del suo interlocutore. Pone prevalentemente domande aperte.

SEGRETO n. 24: lo sviluppo della capacità di ascolto è l'aspetto principale sviluppo nella crescita della capacità comunicativa.

Aumentare la capacità di ascolto: come?

La capacità di ascolto non è generalmente un'abitudine innata, occorre svilupparla attraverso:

- l'utilizzo nella comunicazione di domande aperte, cioè che facciano parlare l'interlocutore;
- la soppressione della tentazione di interrompere la persona che parla prima che abbia finito, evitando di dire: «Sì ho capito ma veniamo al sodo»;
- il controllo delle proprie emozioni per evitare le reazioni negative che bloccano il processo comunicativo;
- un'attenzione all'altro non simulata ma reale;
- la consapevolezza che le distrazioni sono un ostacolo nella comunicazione interpersonale;
- lo sviluppo della capacità di saper ascoltare fra le righe, cioè fare attenzione anche a quello che non viene detto;
- il non monopolizzare le situazioni di comunicazione dando spazio all'altro.

L'importanza del feedback nella comunicazione efficace

Il feedback è il ritorno di segnale che diamo alla ricezione di una comunicazione o che emette un'altra persona al ricevimento di un nostro messaggio. La capacità di ricevere e dare feedback è fondamentale per la gestione efficace del processo comunicativo. Come il saper ascoltare, anche il saper dare e ricevere feedback non è un'abitudine innata, ma si può migliorare.

Il processo comunicativo è condizionato in modo totale dalle nostre convinzioni in merito a qualsiasi argomento. Le convinzioni possono essere limitanti, perché ostacolano il rapporto con la realtà, o potenzianti, perché ci sostengono e aiutano nell'approccio all'esterno.

Per migliorare la capacità di dare e ricevere feedback, occorre sostituire le convinzioni limitanti dal punto di vista comunicativo, con convinzioni potenzianti tipo:

- non esistono fallimenti comunicativi, ma solo risultati comunicativi. Cioè, qualsiasi sia l'esito della comunicazione, produce sempre dei risultati, se sappiamo focalizzarci sulla parte positiva dei risultati possiamo affrontare in modo costruttivo qualsiasi comunicazione;
- le percezioni di una persona costituiscono la "sua" verità. Cioè non esiste una verità assoluta, ognuno ha la propria in base alle

convinzioni personali, meglio essere pronti ad accettare di ascoltare (non condividere) altre visioni del mondo;

- ciò che riconosciamo negli altri fa parte di noi. Significa che quello che percepiamo come caratteristica nell'altra persona è presente anche in noi, questo fa aumentare il nostro livello di comprensione per l'altro;
- le differenze di vedute non sono un ostacolo ma possono rappresentare preziose fonti di apprendimento ed evoluzione.

SEGRETO n. 25: la qualità del feedback determina quella della comunicazione.

La struttura della comunicazione

La struttura della comunicazione è costituita da due elementi diversi, contenuto e relazione:

- il contenuto è l'informazione neutra "cosa si comunica": concetti, emozioni, indicazioni ecc.;
- la relazione definisce quale rapporto ci sia fra i comunicanti: relazione affettiva, gerarchica, tra pari, formale, amichevole, professionale ecc.

Come vedremo, la consapevolezza della struttura della comunicazione è il prerequisito per migliorare le capacità comunicative. Puntando solo sull'aspetto del contenuto comunicativo corriamo il rischio di essere distaccati emotivamente, di essere troppo freddi. Puntando solo sull'aspetto del rapporto, possiamo essere fuori dalla realtà operativa e quindi poco attendibili.

Livelli comunicativi

La comunicazione interpersonale si svolge sempre attraverso tre diversi livelli comunicativi:

1. livello verbale (parole utilizzate, vocabolario), si stima rappresenti il 7 per cento della comunicazione;
2. livello paraverbale (qualità della voce, energia, tono, velocità), si stima rappresenti il 38 per cento della comunicazione;
3. livello non verbale (atteggiamento corporale, postura, movimenti, respirazione), si stima rappresenti il 55 per cento della comunicazione.

Se queste sono le percentuali di importanza dei vari livelli nella comunicazione, ne deriva che essa ha più probabilità di essere efficace quanto più sono coinvolti e quanto più manifesta congruità fra i vari livelli comunicativi. Mentre l'aspetto verbale viene ascoltato, la percezione da parte dell'ascoltatore dei segnali emessi a livello paraverbale e non verbale, in mancanza di un addestramento specifico, avviene per lo più in modo inconsapevole. Se ciò che è percepito non è congruo, nasce il dubbio su quello che dice l'interlocutore, che può sfociare in un atteggiamento del tipo: «Non so perché ma questa persona non mi piace».

Per chi comunica di professione, questo tipo di situazione è quella potenzialmente più pericolosa perché crea sfiducia, e la sfiducia è un veleno per la comunicazione efficace.

Livello di comunicazione verbale: uso delle parole e delle metafore nel linguaggio

La comunicazione migliora utilizzando un vocabolario appropriato al nostro interlocutore e al contesto. Più il vocabolario è ampio, più siamo in grado di esprimerci e di gestire la comunicazione e la relazione. Il vocabolario si migliora con la lettura e lo studio, non è sufficiente ascoltare un libro, ma bisogna leggerlo perché il cervello deve trasformare le parole in immagini mentali riutilizzabili.

La comunicazione migliora molto facendo uso appropriato delle metafore, cioè di rappresentazioni figurate della realtà per descrivere una situazione. Ad esempio, l'affermazione «È il momento di prendere una decisione», che appare molto fredda e categorica, potrebbe essere più efficacemente sostituita con «I tempi sono maturi per prendere una decisione», che mette in ogni caso urgenza senza una connotazione di forzatura obbligata. La metafora, trattandosi di una comunicazione per immagini, ha il vantaggio di essere immediatamente percepibile dal cervello. Una metafora appropriata può servire più di mille parole. Frasi come: "situazione spinosa", "situazione incagliata", "situazione nebbiosa", "situazione chiara", "situazione fluida", "situazione bollente", "situazione piatta", danno corpo alla situazione molto più velocemente di una descrizione dettagliata della situazione medesima.

Livello di comunicazione paraverbale: uso della voce

La nostra voce è il mezzo con il quale veicoliamo normalmente la comunicazione e gestiamo la relazione. La voce non trasmette solo un messaggio ma anche e soprattutto emozioni.

Le caratteristiche vocali che più influiscono sulla comunicazione sono:

- **energia**: riflette lo stato emotivo e l'entusiasmo di chi parla. Alta energia = emozioni positive, bassa energia = emozioni negative;
- **velocità**: un ritmo normale prevede centoventicinque parole al minuto. Se si è troppo veloci nel parlare si diventa incomprensibili, se troppo lenti annoiamo l'interlocutore (questo perché a un'elevata velocità il cervello dell'interlocutore non riesce a visualizzare le parole; con un'eccessiva lentezza, invece, si distrae visualizzando immagini differenti);
- **tono**: monotono, basso, acuto. Più la voce è ben modulata, migliore è l'impatto comunicativo e maggiore pathos rispetto a un tono monotono e stanco.

Livello di comunicazione non verbale: il linguaggio del corpo

Il linguaggio del corpo rappresenta il terzo e più importante livello della modalità comunicativa. Il corpo manda sempre dei segnali ben visibili, che identificano il livello emozionale e di partecipazione degli attori di una relazione. Le parti del corpo che più comunicano sono:

- viso;
- mani;
- gambe.

Per acquisire abilità nella lettura e nella gestione di questi segnali, bisogna prima di tutto cominciare a stare attenti al linguaggio del corpo sia nostro che dell'interlocutore. Si è convincenti quando tutti i livelli comunicativi sono allineati.

SEGRETO n. 26: per comunicare in modo efficace dobbiamo utilizzare: orecchie, vista e mente.

Creare un clima di fiducia: stabilire un rapporto

Abbiamo accennato poco fa al fatto che la fiducia è la base per costruire il rapporto con un interlocutore ma, come recitava un vecchio slogan pubblicitario: «La fiducia è una cosa seria». Avere fiducia significa aprirsi all'altra persona, superare le naturali diffidenze, superare la paura.

Per sviluppare un clima di credito nella comunicazione, è necessario accrescere l'abilità di instaurare una connessione con gli altri di reciproca comprensione, di rispettarne il punto di vista senza necessariamente condividerlo, di comprendere e accettare il sentire altrui, di essere sulla stessa lunghezza d'onda. La maggior parte dei nostri clienti ci sceglie in base a tali abilità.

I fattori che condizionano positivamente la fiducia tra le persone sono:

- la benevolenza reciproca, cioè la capacità di svolgere la comunicazione a un livello di rispetto umano corrisposto;
- la competenza riconosciuta, perché dimostra capacità di giudizio e valutazione obiettiva in noi e nella controparte;
- la vicinanza di intenti, cioè muoversi nella stessa direzione, per gli stessi scopi, con gli stessi valori;
- un linguaggio comune che permetta il maggiore scambio possibile;
- la disponibilità al confronto che crea accettazione e clima costruttivo;

- la discrezione e il garbo che danno sicurezza;
- la capacità di ascolto.

Come stabilire un rapporto profondo con le persone?

Le persone capaci di stabilire un profondo rapporto tendono ad allineare postura, movimenti e gesti, ritmo del respiro, tono e qualità della voce, contenuti linguistici, sistema sensoriale e a utilizzare le stesse parole chiave dell'interlocutore.

Oltre agli aspetti manifesti della comunicazione spesso condividono:

- le convinzioni di base;
- i valori guida;
- il senso di identità;
- lo scopo della vita e gli obiettivi di lavoro.

Stabilire un rapporto significa ispirare e stimolare. Quando si comunica con qualcuno si fa parte di un sistema. Maggiore è la quantità di relazione, maggiore è l'influenza che si esercita. Stabilire un rapporto è il risultato più importante da raggiungere all'inizio di una negoziazione, da quel momento in poi è importante fare in modo che sia mantenuto in ogni fase.

Un autentico impegno per trovare una soluzione può esistere unicamente se fondato sui valori di entrambe le parti. Una relazione di affari di solito nasce quando c'è condivisione di valori, le persone sono attratte da noi e da ciò che trasmettiamo. I comunicatori che più sanno comprendere e farsi comprendere sono quelli che ispirano e stimolano i propri interlocutori. Sono capaci di rispecchiare i valori dell'altro, per poi guidarlo verso una nuova direzione, sanno cogliere i criteri necessari e soddisfare i valori altrui. Scoprire quali siano i criteri che permettono all'interlocutore di sapere che i suoi valori sono stati rispettati è una delle abilità più sofisticate che si possano apprendere per condurre qualsiasi negoziazione.

Per scoprire i valori di qualcuno osservate e ascoltate le persone. Notate cosa le fa emozionare e cosa attiva in loro uno stato di curiosità e interesse.

Comunicazione e sistemi rappresentazionali

Negli anni Settanta si è sviluppata negli Stati Uniti una scienza che ha studiato nel dettaglio l'effetto del linguaggio interno ed esterno sulla gestione della realtà soggettiva, la PNL (Programmazione Neuro Linguistica). Essa ha rivoluzionato l'approccio alla gestione della comunicazione in tutti campi, vendite, marketing, comunicazione pubblicitaria, comunicazione politica, cinema ecc. In particolare ha messo in evidenza l'importanza dei sensi e dei sistemi rappresentazionali individuali nella comunicazione verso il nostro interno e verso l'esterno.

La PNL ha provato che l'unico modo che abbiamo di percepire la realtà è attraverso i cinque sensi: vista, udito, odorato, tatto e gusto. La nostra realtà e la nostra esperienza sono determinate dal modo in cui li usiamo.

Questo aspetto sensoriale di percezione si basa sugli studi sul funzionamento del cervello. Ogni esperienza sensoriale vissuta viene immagazzinata nel cervello sotto forma di immagini. Ogni nuova esperienza sensoriale stimola le parti del cervello dove sono immagazzinate queste immagini, o crea nuove immagini mentali che si aggiungono alle precedenti.

Se l'esperienza è acquisita attraverso i sensi, il modo di rappresentare la realtà è la trasformazione in parole della nostra esperienza sensoriale, usando delle modalità espressive tipiche che sono descritte come: **sistemi rappresentazionali**.

Sono stati identificati tre sistemi rappresentazionali:

- visivo;
- auditivo;
- sensoriale o cinestesico (tatto, gusto, olfatto).

Ogni persona ha un sistema rappresentazionale prevalente con il quale filtra e descrive la sua realtà. Le parole che utilizziamo sono un'espressione di come interpretiamo il mondo.

Il **tipo visivo** farà affermazioni e utilizzerà espressioni in cui c'entra il vedere («Non riesco a mettere a fuoco», «Cerca di vedere il quadro generale») e parole con riferimenti visivi (fuoco, chiaro, luminoso, immagine, oscuro, colorare, visione, grigio, sguardo).

Il **tipo auditivo** farà affermazioni e userà parole chiave in cui centra il sentire: «Ascoltami attentamente», «La tua proposta suona davvero bene» e poi dire, raccontare, schioccare, colpo, parlare, volume, stridulo, squillante.

Il **tipo cinestesico** farà affermazioni e userà parole chiave in cui c'entrano le sensazioni interne: «Questo argomento mi tocca da vicino», «Non riesco ad afferrare il concetto», impatto, gusto, sensazione, toccare, profumo, teso, grezzo, amaro, rilassato, carezzevole ecc.

Abbiamo detto che ogni persona ha un sistema rappresentazionale prevalente, ma ognuno utilizza in ogni caso tutti i propri sensi per percepire la realtà.

Al fine di catturare e mantenere alta l'attenzione di chi vi sta davanti sarà importante, nella comunicazione, utilizzare espressioni e parole chiave legate a tutti e tre i sistemi rappresentazionali.

Esempio 12: siamo in riunione con un venditore allo scopo di motivarlo. Gli spieghiamo dove trovare gli stimoli giusti.

Potremmo dirgli: «Il raggiungimento del budget le permetterà di vedere il suo nome ai primi posti della classifica di vendita, di sentire i complimenti della Direzione mentre le consegna il premio e provare l'intima soddisfazione di aver fatto un buon lavoro».

SEGRETO n. 27: l'efficacia della comunicazione è legata alla capacità di stimolare tutti i sistemi rappresentazionali dell'interlocutore.

La relazione interpersonale è strettamente legata alla sensibilità e alla capacità comunicativa. Comunicare in modo efficace è una qualità indispensabile per un manager, che si tratti di dare indicazioni operative, di svolgere una trattativa, di motivare, di definire un progetto, di pianificare delle azioni ecc. I problemi di comunicazione sono quelli che maggiormente condizionano le performance delle organizzazioni perché generano incertezza, dubbi, errate interpretazioni. Ogni situazione comunicativa va affrontata con responsabilità.

RIEPILOGO DEL CAPITOLO 6:

- SEGRETO n. 23: nella comunicazione l'aspetto più importante è il contenuto emozionale.
- SEGRETO n. 24: lo sviluppo della capacità di ascolto è l'aspetto principale sviluppo nella crescita della capacità comunicativa.
- SEGRETO n. 25: la qualità del feedback determina quella della comunicazione.
- SEGRETO n. 26: per comunicare in modo efficace dobbiamo utilizzare: orecchie, vista e mente.
- SEGRETO n. 27: l'efficacia della comunicazione è legata alla capacità di stimolare tutti i sistemi rappresentazionali dell'interlocutore.

CAPITOLO 7:
Come usare le strategie di marketing

Il cliente: affermazioni da condividere

La nostra azienda e il nostro lavoro esistono grazie ai nostri clienti. Perdere un cliente è una cattiva notizia, non recuperarlo è una tragedia. Dovremmo impiegare meno tempo in discussioni interne e più tempo possibile a parlare con i nostri acquirenti. Faremo degli sbagli, ma un cliente ci può perdonare se ci scusiamo, risolviamo il problema e facciamo in modo che non accada di nuovo.

Mediante l'applicazione pratica e costante dell'approccio metodologico suggerito, l'azienda diventa parte attiva non solo nella produzione di beni e servizi, ma anche e soprattutto nella produzione di buoni clienti fidelizzati.

I fattori fondamentali della soddisfazione del cliente

In qualsiasi transazione commerciale, la soddisfazione del cliente non è un fatto casuale dovuto alle circostanze, ma si basa su precisi parametri. Il compratore è soddisfatto quando il prodotto fornisce prestazioni in linea con le aspettative; il servizio post-vendita organizzato dall'azienda offre un servizio di assistenza preciso e puntuale; le caratteristiche dell'attività commerciale sono tali per cui la distribuzione è curata con attenzione; la cultura aziendale, la *mission* e i valori guida esprimono un'etica non contraria al bene comune.

Nell'epoca della comunicazione globale, l'immagine del prodotto è fortemente legata a quella dell'azienda nel suo complesso. La soddisfazione del cliente è quindi il rapporto tra la prestazione globale fornita e il suo livello di aspettativa sulla prestazione globale stessa. Da tutto ciò si può subito intuire che l'azienda, agendo sui parametri di soddisfazione specificati, può influire positivamente sull'appagamento del compratore.

Questa è la base di partenza del processo di fidelizzazione.

SEGRETO n 28 : i clienti insoddisfatti nella maggior parte dei casi non reclamano, ma smettono di acquistare.

L'azienda crea l'aspettativa del cliente con la comunicazione pubblicitaria e commerciale. Se le previsioni sono troppo alte, si provocherà nei clienti una delusione, se troppo basse, non lo si stimolerà all'acquisto. Le aziende vincenti sono attente alla gestione delle aspettative che hanno creato, comunicano in modo esteso con i clienti, tengono fede agli impegni assunti.

Sviluppo della relazione con il cliente

Nel mondo aziendale, è l'ampiezza del business che determina in buona parte la relazione duratura con il cliente. Il collante sono gli interessi reciproci. Per le aziende è molto più facile cambiare un fornitore marginale piuttosto che uno strategico, questo perché il valore economico della relazione con il fornitore strategico va ben oltre il valore degli acquisti. Pensiamo ad esempio all'importanza del fornitore di granulo plastico per un'azienda che produce cruscotti per auto. Prima di cambiare fornitore grossista, dovrà avere ampia sicurezza che il nuovo sia in grado di garantire un prodotto corrispondente a tutte le specifiche tecniche richieste dal cliente finale a un prezzo migliore.

Ma anche il fornitore più strategico corre il rischio di essere sostituito se si adagia e, pensando di avere ottenuto una posizione garantita, smette di concentrarsi sui bisogni dell'azienda cliente.

Per gestire la relazione con il cliente in termini di continuità e sviluppo, il fornitore di prodotti e servizi deve farsi continuamente delle domande:

- «Sappiamo veramente perché il cliente compra da noi?»
- «Conosciamo veramente i vantaggi che offriamo ai clienti nel confronto con i concorrenti?»
- «Sappiamo come questo ci giudica nei confronti della concorrenza?»
- «Conosciamo i nostri punti di forza e di debolezza?»
- «Qual è la leva del *marketing mix* a cui la clientela è più sensibile?»
- «Qual è il livello di collaborazione fra i vari reparti della nostra azienda?»
- «Qual è nella nostra azienda il livello della cultura del cliente?»
- «Qual è il livello di preparazione del nostro personale commerciale interno ed esterno?»
- «Qual è il livello di assistenza post-vendita che offriamo ai

clienti?»

È evidente che queste domande, dal punto di vista manageriale, hanno un impatto formidabile sulle scelte aziendali, sia in termini strategici che tattici. Sono ispirate da una grande sensibilità al cliente e dalla volontà di rendere la relazione commerciale sempre più stretta. Solo dalla risposta a queste domande può generarsi una vera attività di fidelizzazione della clientela.

Fidelizzazione del cliente: fasi operative

Dal punto di vista metodologico, la fidelizzazione del cliente è un processo graduale che passa attraverso tre fasi distinte la cui esecuzione ricade tra i compiti del Responsabile commerciale:

- fase 1: acquisizione del cliente;
- fase 2: massimizzazione del valore del cliente;
- fase 3: gestione del servizio al cliente.

Acquisizione dei clienti

Anche per l'azienda più consolidata, la ricerca di nuovi clienti è una delle attività commerciali più importanti e deve essere inserita formalmente negli obiettivi dei venditori. Abbiamo precedentemente ribadito il fatto che una delle due opzioni a loro disposizione per aumentare il volume d'affari è accrescere il numero di clienti.

La ricerca di nuovi clienti è la tipica attività dove si può creare una forte sinergia operativa tra interno ed esterno dell'azienda. È di esclusiva responsabilità dei venditori, ma può essere supportata dalla sede con attività mirate: produzione nominativi, invio presentazione, valutazione interesse, appuntamento.

In questa fase il Responsabile commerciale ha il compito di impostare tutta la strategia e le azioni specifiche per sviluppare nuova clientela. I clienti nuovi non possono essere fatti a caso o come capita, vanno scelti con attenzione in funzione del loro potenziale di crescita, sono i *driver* della crescita aziendale, se cresce il cliente cresce anche l'azienda.

Massimizzazione del valore del cliente

Abbiamo ribadito il fatto che la relazione con il cliente è condizionata dal volume del business sviluppato. Dal punto di vista operativo ne deriva che l'attività commerciale in questa fase punterà ad aumentare il volume di vendita clienti sui compratori acquisiti in base al loro potenziale. Lo sviluppo dell'ordinativo passa attraverso una mirata attività di *cross selling* (vendita di prodotti analoghi) e di *up selling* (vendita di prodotti di categoria superiore). Attraverso le statistiche, e in particolare le analisi ABC, il Responsabile commerciale è in grado di gestire l'aspetto qualitativo delle vendite.

Gestione del servizio e del processo di fidelizzazione

Offrire il miglior livello di servizio al cliente. Gradualmente, con la crescita del volume di vendita, cresce anche la conoscenza reciproca con l'azienda fornitrice. Le informazioni che poco a poco si raccolgono vanno gestite con attenzione perché da queste derivano tutte le attività di *customer satisfaction*. Una buona cura del cliente si traduce in fedeltà.

Fidelizzazione: perché?

Abbiamo visto che la fidelizzazione non è alla lunga un processo casuale ma richiede impegno a tutta l'organizzazione commerciale. La sua gestione manageriale è attività non solo utile, ma necessaria all'azienda. Il fine ultimo dell'attività aziendale è creare profitto e la fidelizzazione della clientela ha un impatto rilevante sulla redditività per vari motivi:

- i clienti fidelizzati tendono a incrementare nel tempo i volumi di acquisto perché hanno acquisito l'abitudine a comprare, rappresentano una sicurezza di base operativa per l'azienda che sa di avere una quota di fatturato quasi garantita;
- servire clienti già conosciuti costa meno. Qualsiasi commerciale operativo è ha conoscenza degli alti costi che richiede lo sviluppo di nuova clientela, allargare la base dei clienti fidelizzati significa ridurre l'incidenza dei costi commerciali e gestionali;
- i clienti fedeli fermano la concorrenza perché fanno da barriera di ingresso. Un cliente fedele è il primo difensore dell'azienda dagli attacchi della concorrenza. Più è fidelizzato, maggiore dovrà essere lo sforzo del concorrente per fargli cambiare idea. Fidelizzare i clienti significa rendere difficoltosa e onerosa l'attività commerciale della concorrenza;
- i clienti fedeli generano un passaparola positivo che rappresenta pubblicità gratuita per l'azienda fornitrice. In questo senso è importante, nella gestione della distribuzione, creare buone relazioni con i cosiddetti *opinion leader* del

settore, quei clienti che sono presi di riferimento dagli addetti del settore;

- i clienti fedeli sono più redditizi in quanto comportano meno spese commerciali, ma soprattutto perché solitamente acquistano un mix prodotti che consente una migliore marginalità.

Il cliente si fidelizza quando sente che le sue esigenze sono veramente recepite senza indugio dall'azienda, che quindi produce atti concreti di soluzione per lui, comunicando tempestivamente la scelta adottata, o qualsiasi altra decisione che lo riguardi.

SEGRETO n. 29: la fidelizzazione del cliente non è un evento casuale, ma una conseguenza della consapevolezza (e non) dell'attività aziendale.

La comunicazione aziendale come mezzo di fidelizzazione

Il processo di fidelizzazione è strettamente legato alla capacità comunicativa e alla quantità e qualità della comunicazione in uscita dall'azienda. Più comunichiamo con il cliente, direttamente e indirettamente, più il rapporto si rafforza e il business ha possibilità di incrementare. Questo principio è valido sia per le interazioni tra persone sia per le interazioni tra organizzazioni.

Come tra due persone che comunicano poco difficilmente il rapporto può crescere ed evolvere, così tra due organizzazioni che comunicano poco è improbabile che si sviluppi un grande volume di affari.

In azienda vi sono varie figure che comunicano con il cliente:

- la forza vendita esterna attraverso le visite e la relazione diretta;
- la forza vendita interna attraverso le relazioni telefoniche o email o fax;
- il marketing attraverso gli stampati commerciali, il marketing diretto, i mezzi di comunicazione stampa e pubblicitari, internet;
- l'amministrazione attraverso lettere o relazioni telefoniche;
- il servizio di *customer service* attraverso relazioni telefoniche o email o fax.

Mentre è scontato che i commerciali interni ed esterni operino con una grande sensibilità per il cliente, non sempre altri reparti dell'azienda mostrano la stessa sensibilità. La cultura del cliente è un valore aziendale che va costruito nel tempo da parte della Direzione.

Per creare fidelizzazione, occorre che tutto il processo di comunicazione con la clientela, diretto e indiretto, sia finalizzato a costruire una relazione basata sulla fiducia e sul rispetto reciproci, l'azienda e i clienti sono partner in un processo di creazione di valore. Affinché questo avvenga è necessario che tutte le persone coinvolte nel processo di comunicazione abbiano ben chiara questa dinamica comprendendone la finalità.

È da tenere presente che in una situazione competitiva ad alta concorrenza le imprese centrate solo sui costi e poco interessate alla soddisfazione del cliente sono destinate al declino.

La rete di vendita nel processo di fidelizzazione

La rete di vendita in generale è parte attiva del processo di fidelizzazione, ma il livello di coinvolgimento in questo percorso dipende dalla tipologia dei venditori. Quelli diretti possono essere totalmente coinvolti attraverso istruzioni operative vincolanti: visite di cortesia, attività di pubbliche relazioni, presenza alle fiere ecc. Gli agenti monomandatari possono essere in parte coinvolti attraverso indicazioni operative leggere e non vincolanti. I plurimandatari è difficile che possano essere attivamente coinvolti in un'attività gestita di fidelizzazione.

Paradossalmente la rete di vendita spesso può fare da filtro e rappresentare un ostacolo nel programma di fidelizzazione. Gli agenti, specie plurimandatari, hanno paura di farsi scavalcare dall'azienda nella gestione nel rapporto con il cliente e mettono in atto delle resistenze, e talvolta dei sabotaggi, alle iniziative aziendali attraverso affermazioni tipo: «Nella mia zona queste iniziative non funzionano». Il problema non è di facile soluzione. Una posizione rigida da parte dell'azienda del tipo «Decido io cosa fare», provoca l'irritazione dei venditori, una troppo morbida, che delega in toto ai venditori il rapporto con il cliente, impedisce lo sviluppo commerciale. Il consiglio è di procedere a piccoli passi ma con una strategia ben precisa e coinvolgere il più possibile i collaboratori in questo percorso.

In generale, per ottenere la collaborazione dei venditori occorre che tutti i piani di intervento sul territorio siano da loro compresi e condivisi. Il piano generale di vendita con obiettivi quantitativi e qualitativi va suddiviso per singola area e discusso con il venditore di zona. Ognuno ha proprie capacità personali e professionali, è compito del Responsabile commerciale capire queste differenze e valutare la qualità del lavoro svolto, intervenendo a supporto là dove è il caso.

SEGRETO n. 30: nelle aziende vincenti la fidelizzazione è un processo gestito che coinvolge soprattutto il management.

Principi di marketing

Il marketing, come scienza manageriale, si è sviluppato a partire dagli anni Cinquanta del secolo scorso negli Stati Uniti. Nata dallo sviluppo e analisi delle ricerche di mercato, è una scienza economica che via via si è arricchita di contenuti, applicazioni e metodologie, in funzione del progresso economico. Sul marketing, dall'origine, sono stati scritti centinaia di libri, ma in definitiva la descrizione più operativa e realistica è la seguente: «Il marketing comprende tutte le azioni aziendali, destinate a sviluppare il piazzamento dei prodotti o dei servizi sul mercato al fine di ottenere un profitto».

L'essenza di origine del marketing aziendale è quindi il concetto di transazione, cioè lo scambio di valori fra due parti. Negli ultimi anni però il concetto si è evoluto. Se all'inizio si limitava a considerare la transazione o scambio di valore tra soggetti, pertanto con una forte focalizzazione sul prodotto-mercato, oggi il marketing è maggiormente concentrato sulla relazione tra i vari soggetti, con una maggiore focalizzazione sui bisogni del cliente-mercato.

Il cliente quindi, da soggetto passivo, bersaglio delle attività di marketing, è diventato sempre più parte attiva del processo di sviluppo dei prodotti/servizi e quindi ispiratore delle attività di aziendali. Le imprese nel passato partivano dal prodotto e poi andavano a venderlo. Quelle moderne oggi sviluppano prodotti e servizi in base ai bisogni dei clienti, con un cambio totale di prospettiva rispetto al passato: **oggi è il cliente il *driver* del mercato.**

Questo cambio di prospettiva, nella qualità della relazione con il cliente e nell'influenza che egli esercita sulla dinamica aziendale, ha influenzato tutto il processo di marketing che oggi è identificato meglio come: «Funzione organizzativa e un insieme di processi volti a creare, comunicare e trasmettere valore ai clienti, e a gestire i rapporti con essi in modo che diano benefici all'impresa e ai portatori di interesse sull'impresa».

SEGRETO n. 31: il marketing rappresenta la testa dell'attività dell'impresa.

Classicamente si distinguono due tipi di marketing:

- marketing strategico;
- marketing operativo.

Marketing strategico

Si basa sull'analisi dei bisogni degli individui o delle organizzazioni per identificare dei segmenti di mercato potenziali e attrattivi per l'impresa. Queste analisi consentono di attuare una strategia di sviluppo compatibile con le risorse e competenze aziendali, che colga le opportunità esistenti, sul mercato e che nel contempo offra la possibilità di creare un vantaggio competitivo per l'azienda stessa.

Il marketing può rivolgersi ai consumatori, e si parla di marketing BtoC o B2C (*business to consumer*); oppure può rivolgersi al mercato delle imprese, in prende il nome di marketing BtoB o B2B (*business to business*).

Gli approcci più utilizzati di marketing strategico comprendono:

- sviluppo grazie a una qualità superiore;
- sviluppo grazie a un miglior servizio;
- sviluppo attraverso prezzi competitivi;
- sviluppo grazie all'elevata quota di mercato;
- sviluppo grazie l'adattamento e la personalizzazione dei prodotti;
- sviluppo grazie all'innovazione di prodotto e di processo;
- sviluppo operato in mercati in forte crescita;
- sviluppo grazie a un prodotto/servizio che superi le aspettative del cliente.

Non esiste un approccio valido per tutte le situazioni; ogni impresa, in base alle proprie caratteristiche, deve puntare alla combinazione di attività più utile. Obiettivo del marketing strategico è la definizione di un preciso posizionamento di mercato del prodotto/servizio offerto.

Il marketing è focalizzato sulla creazione di valore per il cliente, uno dei suoi scopi è creare un preciso posizionamento di marca (*brand*) nella mente del consumatore.

Per "posizionamento di mercato" si intende la collocazione del prodotto in termini di graduatoria, da parte del cliente/utilizzatore, operando un confronto tra le imprese attive nel mercato specifico. Ognuna di queste possiede un posizionamento basato su uno specifico beneficio caratteristico, tra cui:

- una qualità superiore;
- prestazioni più elevate;
- maggiore affidabilità;
- maggiore durata;
- miglior servizio post-vendita;
- maggior sicurezza;
- miglior rapporto qualità/prezzo;

- minor costo;
- migliore stile o design;
- maggiore facilità d'impiego.

Il marketing contemporaneo si basa sulla disponibilità di reperire e gestire informazioni dal mercato. Queste, che rappresentano in definitiva il capitale intellettuale dell'impresa, consentono al management di sviluppare piani d'azione finalizzati al raggiungimento degli obiettivi strategici.

Le informazioni utili per le scelte di marketing comprendono:

- tendenze demografiche;
- tendenze economiche;
- stile di vita;
- tendenze tecnologiche;
- tendenze politiche e regolamentazione;
- informazioni sui bisogni dei clienti;
- informazioni sui concorrenti;
- vendite e quota di mercato dell'impresa;
- costi;

- redditività per cliente, prodotto, segmento, canale di vendita.

Marketing operativo

Comprende tutte le attività pratiche che l'azienda pone in essere per raggiungere gli obiettivi strategici. La combinazione di tutti gli strumenti operativi che decide di utilizzare è detta *marketing mix*.

Nel gergo, il *marketing mix* è identificato classicamente con le quattro P: *product* (prodotto), *price* (prezzo), *promotion* (comunicazione), *placement* (distribuzione).

Prodotto: viene definito come tutto ciò che può essere immesso sul mercato per soddisfare un desiderio o un bisogno. Un prodotto non è solo un oggetto fisco ma comprende anche: servizi, persone, luoghi, organizzazione, idee. Ogni prodotto posto in commercio ha un suo proprio ciclo di vita rappresentato dalle seguenti fasi:

- introduzione o lancio: il prodotto è immesso sul mercato;
- sviluppo: strategie per le vendite;
- maturità: le vendite si stabilizzano e inizia a farsi sentire la pressione della concorrenza;

- saturazione: le vendite toccano il massimo livello;
- declino: le vendite cominciano gradualmente a diminuire;
- ritiro o rilancio: quando le vendite non hanno più un volume soddisfacente il prodotto viene ritirato o si procede al suo restyling.

Prezzo: il prezzo è il valore economico di un bene/servizio espresso in valuta corrente. Varia in base alla modificazione della domanda e dell'offerta. La formazione del prezzo di un prodotto/servizio è influenzata da:

- obiettivi di marketing;
- costi sostenuti;
- mercato e domanda;
- concorrenza;
- fluttuazione cambi;
- legislazione.

Nel scelte di marketing si prendono in considerazione diversi tipi di prezzo:

- prezzo efficiente: è il massimo che il cliente è disposto a pagare;

- prezzo effettivo: è quello effettivamente applicato al cliente, tenuto conto di promozioni sconti e altri incentivi;
- *premium price*: sono i prezzi più alti nella categoria merceologica trattata, quelli dei prodotti che conferiscono status;
- primo prezzo: è un prezzo basso applicato a prodotti di bassa qualità;
- prezzo promozionale: è il prezzo applicato durante le promozioni.

Se esistono vari tipi di prezzo esistono anche vari tipi di criteri per stabilirlo:

- *mark-up*: consiste nel fissare il prezzo secondo una percentuale di incremento dei costi sostenuti per la produzione;
- prezzi correnti: viene fissato al livello già stabilito dalle imprese operanti nel settore;
- profitto obiettivo: il prezzo viene fissato in modo da raggiungere un certo livello di profitto atteso;
- gare d'appalto: il prezzo è stabilito attraverso una gara tra le proposte presentate.

Distribuzione: è l'insieme delle attività svolte per rendere un prodotto o servizio disponibile al consumatore per l'utilizzo. Nella pratica operativa comprende:

- la gestione commerciale del canale di vendita;
- la copertura del territorio in termini di numero di clienti;
- la dimensione dell'assortimento trattato dai clienti;
- la logistica: scorte, trasporti, consegne.

Comunicazione: è tutta l'attività che l'impresa pone in essere per far conoscere e apprezzare il suo prodotto/servizio. I canali attraverso cui si può diffondere il messaggio comunicativo comprendono:

- la vendita diretta;
- il sito internet;
- le fiere e gli Eventi promozionali;
- il marketing relazionale;
- il direct marketing;
- le promozioni;
- la comunicazione sul punto di vendita;
- la letteratura aziendale e la documentazione prodotto:

cataloghi, brochure, house organ, schede tecniche, news letter;

- l'imballo;
- le pubbliche relazioni;
- le campagne pubblicitarie istituzionali.

Il marketing 2.0

La prepotente evoluzione tecnologica che pervade tutte le aree di business, legata alla globalizzazione di mercati, sta trasformando il tradizionale rapporto di forza tra azienda e cliente consumatore. Il marketing 2.0, o comunicazione 2.0, è un nuovo approccio nel fare marketing di relazione attraverso le più evolute piattaforme tecnologiche basate su un'elevata interazione con l'utente, quali social network, motori di ricerca, blog e altri. Il marketing 2.0 si basa sulla trasformazione del sito internet aziendale da statico a interattivo, che permette interscambio di informazione tra azienda e navigatori. La facilità da parte del cliente utilizzatore di entrare in relazione con l'azienda trasforma quest'ultimo da soggetto passivo a partner attivo dell'impresa.

Il marketing 2.0 esprime anche una tendenza di evoluzione dei mercati. Se all'inizio questi erano considerati di massa, con poca o nessuna differenziazione tra i clienti/consumatori, oggi si parla di marketing *one to one*, cioè di proposte customizzate sul singolo cliente/utilizzatore – basti pensare alla possibilità di personalizzare la propria vettura direttamente sui siti delle case automobilistiche e di vederne in anteprima l'effetto grazie a sofisticati programmi di *rendering*.

Il marketing 2.0 consente inoltre di operare campagne di comunicazione mirate a precisi target con un enorme risparmio in termini di costo-contatto rispetto alla classica azione comunicativa indifferenziata sui media tradizionali.

Le tre caratteristiche principali del marketing 2.0 sono:

- l'interconnessione, ovvero la possibilità di avere persone collegate sempre e ovunque;
- l'informazione, sempre più facile da reperire in rete;
- la disintermediazione, cioè il contatto diretto tra offerta e domanda, e viceversa.

Strumenti di marketing 2.0

Email marketing personalizzato. L'email marketing è uno strumento flessibile ed economico per promuovere il messaggio dell'azienda. Fare email marketing non è fare spamming, il destinatario del messaggio deve sempre esprimere il suo consenso a ricevere l'informazione e avere la possibilità di recedere dalla ricezione.

Indicizzazione dei motori di ricerca. Si tratta sostanzialmente della possibilità di far apparire il proprio sito nelle prime pagine dei motori di ricerca grazie all'utilizzo di *key words* (parole chiave).

Buzz marketing. Consiste nello sfruttare positivamente l'effetto passaparola che permette la rete, attraverso l'uso attivo di social network e blog.

Il marketing 3.0

Se il marketing 1.0 è incentrato sul prodotto e il marketing 2.0 sul cliente utilizzatore, il marketing 3.0 è quello in cui le imprese spostano il focus, dal singolo consumatore alla umanità nel suo complesso e dove la pura ricerca del profitto, che ha caratterizzato fino a questo punto il business, viene controbilanciata dalla responsabilità sociale dell'impresa.

In questa ottica l'azienda apre le sue prospettive, dipendenti, distributori, intermediari e fornitori diventano partner dell'impresa, un unico player focalizzato a produrre "valore " per il cliente o consumatore

In questa ottica l'azienda basa la sua possibilità di creare profitto sulla capacità di produrre valore crescente per clienti e partner.

	Marketing 1.0 Focalizzato al prodotto	Marketing 2.0 Focalizzato al consumatore	Marketing 3.0 Guidato dai valori
Obiettivo	Vendere prodotti	Soddisfare consumatori	Rendere il mondo un posto migliore
Fattori d'origine	Rivoluzione industriale	Tecnologia dell'informazione	Ulteriore ondata tecnologica
Ottica aziendale sul mercato	Mercato di massa , esigenze di beni materiali	Consumatore informato con esigenze anche immateriali	Essere umano con esigenze materi spirituali
Focalizzazione marketing	Sviluppo prodotti	Differenziazione	Valori
Linee guida aziendali	Caratteristiche prodotti	Posizionamento dei prodotti	Missione dell'azienda
Valori proposti	Funzionalità	Funzionalità ed emotività	Missione e valori d'impresa
Interazione con i consumatori	Scambio Da uno a molti	Rapporto uno a uno	Collaborazione da molti a molti.

Fig. 8 – Tabella riassuntiva delle tre tipologie di marketing

In questo contesto evolve anche la definizione di marketing.

L'american Marketing Association, l'organismo più autorevole al mondo in materia ha coniato questa definizione: «Il marketing è l'attività, il complesso di istituzioni e di processi volti a creare, comunicare presentare e scambiare offerte che contengano valore per i consumatori, clienti, i partner, la società in generale».

SEGRETO n. 32: per un Responsabile commerciale conoscere i principi del marketing è imprescindibile dal ruolo.

Il marketing è l'approccio mentale che consente lo sviluppo nel tempo dei piani commerciali. Senza una struttura di base di marketing, l'attività commerciale si svolge a caso ed è in completa balia degli eventi.

In azienda, il marketing sta alla vendite come in edilizia la fase di progetto e verifica viene prima e durante la costruzione della casa. Lo sviluppo di una mentalità *marketing oriented* è probabilmente l'aspetto più importante nello sviluppo professionale di un Responsabile commerciale.

RIEPILOGO DEL CAPITOLO 7 :

- SEGRETO n 28 : i clienti insoddisfatti nella maggior parte dei casi non reclamano, ma smettono di acquistare.
- SEGRETO n. 29: la fidelizzazione del cliente non è un evento casuale, ma una conseguenza della consapevolezza (e non) dell'attività aziendale.
- SEGRETO n. 30: nelle aziende vincenti la fidelizzazione è un processo gestito che coinvolge soprattutto il management.
- SEGRETO n. 31: il marketing rappresenta la testa dell'attività dell'impresa.
- SEGRETO n. 32: per un Responsabile commerciale conoscere i principi del marketing è imprescindibile dal ruolo.

Conclusione

Con questo ebook ho voluto schematizzare le macro-aree in cui si sviluppa il lavoro di Responsabile commerciale, definendone ruolo competenze e approccio metodologico. Ricordo nuovamente che non è un libro di *informazione* ma di *formazione.*

La formazione per definizione si basa prima di tutto su un'esigenza formativa e richiede da parte del formatore la fornitura di contenuti concettuali e metodologici e da parte di chi la riceve l'interesse per il tema sviluppato e l'applicazione di quanto proposto. Solitamente l'applicazione è il problema principale.

Applicare nuove metodologie richiede sforzo e determinazione, ma è l'unico modo per dare vera sostanza a quanto si è appreso. La determinazione nell'applicazione è direttamente collegata alla motivazione di ottenere risultati superiori nella nostra attività.

In mancanza di applicazione siamo informati della materia ma solo teoricamente, in mancanza di motivazione ai risultati non ci sarà mai applicazione. Posso assicurare che quanto è esposto nel libro io l'ho visto applicare e l'ho applicato nella mia attività con risultati visibili. L'argomento è vastissimo e il mio sforzo è stato rivolto a concentrare in un testo corto e accessibile argomenti che solitamente vengono proposti in forma ben più estesa.

In venticinque anni di attività ho incontrato decine di imprenditori in campi diversi, ho gestito in prima persona numerose strutture commerciali, ho avuto a che fare direttamente e indirettamente con centinaia di venditori e con tutti i canali di distribuzione, ho sviluppato mercato in Italia e all'estero.

Fin dall'inizio della mia attività di "commerciale" ho sempre puntato a ottenere risultati crescenti. Ho creduto nella professionalità e nella preparazione. Spesso ho avuto confronti forti con titolari, colleghi, venditori per il mio approccio strutturato. Negli anni ho constatato di persona che la preparazione paga:

- solo con la preparazione è possibile superare le crisi

socio/economiche che ciclicamente ci coinvolgono;

- solo con la preparazione è possibile crescere professionalmente;
- solo con la preparazione è possibile guardare al futuro con ottimismo;
- solo con la preparazione non si diventa obsoleti.

Anche se costa fatica, anche se non è di moda, anche se trovate scetticismo, anche se qualcuno vi contrasta, non smettete mai di voler accrescere la vostra preparazione, è la vostra arma segreta più importante per il successo.

Augurandovi i migliori successi professionali e personali.

Dott. Carlo Andretta

Per approfondimenti sui temi presentati, è possibile inviare un'email all'autore: info@carloandretta.com; http://www.carloandretta.com

www.ingramcontent.com/pod-product-compliance
Ingram Content Group UK Ltd.
Pitfield, Milton Keynes, MK11 3LW, UK
UKHW022022190726
13853UKWH00005B/2063

9 788861 743830